【中华文化研究小丛书】

中国文房四宝

孙敦秀 著

漓江出版社

桂林

图书在版编目（CIP）数据

中国文房四宝 / 孙敦秀著. —桂林：漓江出版社，2014.6
（中华文化研究小丛书）
ISBN 978-7-5407-6840-9

Ⅰ.①中… Ⅱ.①孙… Ⅲ.①文化用品—介绍—中国—古代 Ⅳ.①K875.4
中国版本图书馆 CIP 数据核字（2013）第269518号

ZHONGGUO WENFANGSIBAO
中国文房四宝

孙敦秀　著

责任编辑：胡子博
装帧设计：李星星

出版人：郑纳新
漓江出版社有限公司出版发行
广西桂林市南环路22号　邮政编码：541002
网址：http://www.lijiangbook.com
全国新华书店经销
销售热线：021-55087201-833
北京盛源印刷有限公司印刷
（北京市通州区潞县镇后地村村北工业区　邮政编码：101109）
开本：650mm×960mm 1/16
印张：14.25　字数：156千字
2014年6月第1版　2014年6月第1次印刷
定价：35.00元

出版说明

　　文化是人类的本质，唯有文化的兴旺发达，才有国家民族的振兴强大。中华民族五千年文明史，辉煌璀璨，一脉相传，从未间断，独步于世界民族之林。为弘扬传统，播传新知，砥砺精神，建设文化强国，我们谨从"秉文化情怀，做文化事业"的社训，特地编辑出版这套中华文化研究小丛书，以传扬民族文化精华，发布专门研究成果，期为读者、研究者阅读参考。作者均为国内外文、史、哲领域建树颇丰的专家、学者，他们从各自擅长的专题，提供简明扼要的讲析，文字不在其多，书不在其厚，重在见解之通达准确，独有会心，能予读者真知与启迪，领悟精要，涵泳其间。本丛书是一开放性的项目，我们真诚欢迎在这一主题下有更多的佳作加入其中。

漓江出版社编辑部

2014 年 2 月 25 日

目　录

1

序　言

　　文房四宝即书房中常用的四种器具——笔、墨、纸、砚的统称。这种美誉,由来已久。古时,我们的先人在创造灿烂的书画艺术的同时,也创造了这四种精良的文化用品。"工欲善其事,必先利其器",书画艺术正是由此创造并不断发展而成为人类艺术百花园中的一枝瑰丽的奇葩,文房四宝同样伴随着书画艺术的发展而不断丰富自身,日趋完备。二者相互作用,相互促进,相得益彰,在我国文明史上占有同等重要的位置,可以说是世界文化史上的两个瑰宝。

　　文房四宝,并不是始有文字就已具备齐全,发展也不是并驾齐驱,其问世各有先后,各有其自身的形成、演进、完善的过程。我国历代劳动人民在生产实践中不断加以研制、改进,使之成为品种多、用途广、技术精湛的一整套书写工具。它以独特的民族特色、时代风格和工艺规范,为历代临池者所艳称,名闻遐迩。

　　文房四宝,从广义上讲,泛指一切笔、墨、纸、砚;从狭义上说,因时而定,因物而论,因地而名。在纸未发明和广泛使用之前,多以竹、木简作为主要书写材料的年代,文房四宝就已初具形制,为世人所重。从 1975 年湖北云梦睡虎地秦墓中出土的实物来看:笔、墨、代纸材料的简及砚,已较完备、齐全,这就是我们

1

今天所能见到的最早的四种文具实物。

西汉时,纸虽初露头角,仍未广泛应用,书写材料多沿袭秦时的竹、木简。四种文房器具没有发生根本的变化。到了东汉,宫廷中专门设守宫令一人,主管御用笔、墨、纸张;当时的书家已较讲究文具的选用,汉隶代表书家蔡邕作书时最喜用张芝笔、韦诞墨、左伯纸。古籍中也多把三者并列记述,这里虽没有提及砚,可以想象,砚在东汉时也必定成为不可缺少的文具之一,特别是纸的运用和竹、木简相比,有过之而无不及,纸的发明为文房四宝的完备增添了重要内容。

晋时,纸取代了竹、木简而成为主要书写材料,文房四宝的内容才名副其实。较为完备的笔、墨、纸、砚有力地促进了晋以及南北朝时期的楷书、行书、草书的发展和成熟。这一时期也出现了叙述较为详尽的理论研究著作,从此便把笔、墨、纸、砚相提并论,并多见于当时书家著录的字里行间,传为晋女书法家卫夫人所作的《笔阵图》、晋书圣王羲之《题卫夫人〈笔阵图〉后》均有对这四种器具各自特点作用的形象比喻和择优选佳的论述。更令人惊奇的是,1974 年,南昌市区东湖一东晋墓中竟发现一件木方上记载笔、墨、纸、砚的文字,这使我们看到了我国最早的文房四宝皆备的墓葬文字记录,为研究文房四宝的发展、演变和应用,提供了第一手材料。我们可以这样说,晋时这四种器具的定型过程已基本完成。

唐时的笔、墨、纸、砚已有名优产品著称一时,饮誉海外。名品宣笔,较为完美;松烟墨制作已有较高的水平;宣纸已名噪一时;四大名砚(山东鲁砚、广东端砚、安徽歙砚、甘肃洮砚)驰誉四方。这些精致绝伦的文房器具,已受到当时书画家、文人墨客的广泛赞扬。武则天时的李峤就有咏纸、墨、砚、笔的诗传世,使文房四宝登上诗坛,而广为流传。

南唐时,这四种器具在品种、数量和质量上都有不同程度的发展和提高,经过人们的实践和文人的倡导,文房四宝始有特定的内容,人们把澄心堂纸、李廷珪墨、诸葛氏笔、婺源龙尾砚,并称为南唐时的文房四宝。宋时的新安(今安徽徽州地区),则把产于该地区的澄心堂纸、汪伯立笔、李廷珪墨、羊斗岭旧坑砚,合称为新安四宝。

北宋时,出现了我国第一部系统介绍文房四宝的专著《文房四谱》,一名为《文房四宝谱》,苏易简撰写。"文房四宝"一词最早应出于此处。当时的书画家、文人都相当讲求精笔贵纸,妙墨佳砚。唐宋八大家之一的欧阳修在《试笔》中说"笔墨纸砚,皆极精良,亦自是人生一乐",足以证明文房四宝在人们的心目中已占有重要的地位。

南宋时,地方官为取悦皇上,盛行以文房四宝上贡之风,徽州知州谢暨与理宗有椒房之亲,曾以新安四宝作为入贡的佳品。到了元代,文房器具的制作多沿袭旧法,改进不大,唯有湖笔声名大著。明时,这四种器具的制作技艺相当考究,逐渐朝着偏贵重、追求形式美的方向发展,使之具有高度的观赏和艺术价值。而在一些书家的著录中,则对这四种文具进行了座次排列,纸笔尤乃居先。明时"文房四宝"一词已流传开来,明李实曾有"四宝居一员"的咏砚诗句传世,以此管窥一斑。

明末清初,笔、墨、纸、砚的制作已达到较为完美的境地,浙江湖州府治的湖笔,安徽宣城府治的宣纸,安徽徽州府治的徽墨和广东肇庆府治的端砚,被誉为全国的文房四宝,至今盛名不衰。清时《纸墨笔砚谱》一书是较为集中叙述文房器具的专著。解放前,由于帝国主义的入侵、掠夺和"三座大山"的压迫,笔、墨、纸、砚的生产气息奄奄，一片凋零。许多知名产品工艺几乎失传，有的被破坏殆尽。新中国成立后，其生产得以恢复和发展，许多传统产品得以重新生产，并涌现了许多具有新时代气息、新的艺术风格的产品，不仅供国内创造书画艺术之用，而且还成为加强同国外友好睦邻关系的一条纽带。

今人对文房四宝的研究的著录，有穆孝天编著的《安徽文房四宝史》，区域性较强，是一本不可多得的论述安徽所产笔、墨、纸、砚的历史演变的专著。1978 年上海博物馆举办了一次"中国古代文具展览"，该馆工艺美术研究组根据这次展览的展品，按笔、墨、纸、砚四门列次，上自原始社会，下迄现代，以一百六十余幅的图版和少量的文字，编写了《笔墨纸砚图录》一书，是一本极有价值的参考书。

过去文房四宝的知识多散见于书法家或书法理论家的书画著录中，一鳞半爪，很难系统地论述它的发展全貌。今天，我国古代文化的研究广泛开展，本书对文房四宝这一宝贵的民族遗产，也进行了详细的整理和收集。为使读者一目了然，便于记忆，本书按时叙事，以事带时，分门别类，对文房四宝的形成条件、主要产地、时代特征、制作材料、技艺方法和演变过程逐一讲述。阅后使读者对我国文房四宝的历史渊源、演进规律和发展趋向以及和其他诸多艺术的彼此关系有一系统完整的了解，这便是编著此书的主要目的。

第一章　笔

　　笔居文房四宝之首,多称为书具之主。这里的笔多指毛笔而言,其笔头是用动物的毛发加工而成,极富有弹性,易于提按顿挫,便于四方挥洒,能于八面出锋,书写而成的文字能给人以点划粗细曲直的线条美,疾徐涩迟的节奏韵律美,浓湿干淡的变化墨色美等多种美感。而且还有吸墨、吐墨灵便之特点。可见,毛笔不仅是日常生活的书写工具,而且更是艺术创作的造型工具。所以说,作为实用与艺术相结合的两性工具——毛笔,不仅对中华民族文化的发展起了重要作用,同时对整个世界文化的发展也建立了不朽的功勋。

一、毛笔的传说与考证

　　随着考古发掘、出土文物的增多与考证研究的进展,学术界对我国毛笔的出现、发展,正逐步作出清楚而又合乎规律的解释。毛笔究竟起于何时,至今仍难以作出精确的回答。下面根据历史学家的研究和有关材料暂作有益的探讨和叙述。

　　大约在一万年以前,人类进入新石器时代之后,不仅石器增多,渐趋于美观,而且人类首次的发明物陶器已经出现,器彩各异。而这些陶器上,多绘有各种图画,刻有多样符号。这些图画符号,已开始用色彩进行描绘,这都是当时人们运用各种书写工具进行文化创造的有力证据。最富有艺术性的是中期的彩陶和晚期的黑陶。1921年首次在河南省渑池县发现一个新石器时代的仰韶文化遗址,据测定在历史上处于母系氏族公社的兴盛时期。在出土的日用陶器上,常有彩绘的几何图案或动物形花纹,古朴美雅,明显地看出是用毛笔或类似于毛笔一类的工具所绘制。在1952年发现的西安东郊半坡氏族遗址中,出土了大量精美的彩

图1　人面鱼纹陶盆

陶,不少陶器是红色的。绘在彩陶上的图画,大都取材于原始人的劳动与生活,有人头像、游鱼、奔鹿、鸟纹、植物纹等生物的生动形象,而一般多画在盆、钵的里面(如图1)。纵观这些图画,其线条流畅,笔触清晰,并有明显的提按所造成的粗细笔画的痕迹。显然是用毛笔或类似于毛笔工具所绘制的,否则无法完成这美的杰作。属于这一类型的彩陶,在整个仰韶文化区域都有发现,所以也曾被称作彩陶文化。可见当时,类似毛笔的书画工具已被普遍应用。西安半坡遗址距今已有六七千年,可见我国使用软质材料制笔、用笔的历史之长。

到父系氏族社会,就有了较为成熟的原始文字,这些文字并呈现出刻画和书写的两种不同风格,较之母系氏族社会更加明显。1959年,在山东泰安地区发现了大汶口文化遗址,在此出土的陶器上的文字较为整齐。细看起来,有的陶器上文字笔画简朴硬朗,显然是硬质书写工具所致,有的陶器上文字的线条活泼流畅,定为柔软的书写工具所成。这两种风格的对比足以证明,当时人们除用单一的植物的杆、茎或其他硬质材料作"硬笔"刻画文字图画外,已经开始用动物的柔软的毛、羽作为书写工具的笔头。这种笔我们可以称它为"毛笔"。当然,绝不是今天这种形式的毛笔,只能是较为原始简陋的制作,但它毕竟是后来毛笔产生、完善的基础。大汶口文化稍晚于仰韶文化,距今也已有五六千年的历史。从实际上证明了当时毛笔的使用。

稍晚于西安半坡村遗址的甘肃仰韶文化马厂类型的陶器符号(只见于一种彩陶壶)用笔流畅,彩陶图案精确匀称,线条柔美,多带有弧形。并且在点画的起止上,有较明显的毛笔痕迹。据此分析,纯为毛笔一类工具绘写。

近代俞国华在《中国绘画史》书中认为:"毛笔和墨都创始于

新石器时代,根据那时的彩陶图案,确有笔锋,还有笔毫描画的痕迹,并可分辨大小不同的毛笔。"马承源在《仰韶文化的彩陶》书中,也肯定了毛笔在新石器时代晚期被人们用来绘画图案。因此,我国使用毛笔的历史,应始于新石器时代。淮南子《本经训》中有其记载:"仓颉①作书,鬼(鬼即兔)夜哭。"是说当时人们作书时,所用笔的原料均以兔毛为主,兔子唯恐取自己身体上的毛制笔,害及身躯,危及生命,故日夜啼哭不止。这虽是神话,但从另一方面反映了当时杀兔取毫造笔的普遍性,同时也佐证了新石器时代有制造毛笔、使用毛笔的历史。

到了殷商时期,我国开始了有文字可考的历史,后期的甲骨文,已经是一种较完备的文字。因刻在龟甲兽骨上面,又留有墨的痕迹,故有用刀笔信手刻字和先用毛笔写好底子,然后用刀照着契刻而成的两种说法。不论哪种说法,毛笔用于甲骨文的书写或填色当是毫无疑义的。

殷商的毛笔,只能在史料和实物留有的痕迹上推测证实,在考古发掘中至今尚未见到当时的毛笔实物。董作宾在《甲骨文断代研究》中说:"所谓毛笔,不必如现世所用的竹管兔毫,只要是一支小兽的尾巴,或者一丛捆在一起的细毛。"这种推测,是否符合当时历史实际,无须多加评论。可以想象,最初的毛笔只能是较为简陋的,绝不会像今天的毛笔这样完美,也绝不会有软毫、硬毫和兼毫的区分。

---

① 黄帝时人,为左史,人称"史皇",传汉字为其所创。

二、毛笔最早的记录与实物

商殷时代的毛笔,至今仍没有实物可见和著录记载,而多是考古工作者对一些出土文物进行研究,间接地推测出毛笔的存在和应用。只能言传意会,很难直观地确定当时毛笔的形制和其他的历史。但到西周时,毛笔的记载则多见于一些古籍中的字里行间。我国最早的诗歌总集《诗经》中的《静女》篇中有"贻我彤管,彤管有炜"的诗句,这里的彤管,就是指红色管的毛笔。晋时傅玄《笔铭》中同样有彤管的记录:"铧铧彤管,冉冉轻翰,正色元墨,铭心写言。"这些记载说明了我国从周始,人们以彤管相赠,意蕴亲近或作爱情的相赠物。《后汉书》中载:"女史彤管,记功书过。"以此来看,彤管即毛笔是无疑义的。它说明了这样一个史实,彤管在古时为宫中女官执掌,专门记载宫中政令、后妃功过等事宜所用。

周初时《太公笔铭》中说:"毫毛茂茂,陷水可脱,陷文不可活。"这说明"毫毛茂茂"的毛笔,必须渍水才能书写。如这记载就是当时真实记录的话,足以断定,周时就已有使用毛笔的历史,并在人们生活中发挥着重要作用。孔子在《春秋》书中就有"绝笔于获麟","笔则笔,削则削"的话,削则是古代加工简牍和改刮错字的重要文书工具。这说明在春秋时,毛笔已广泛运用于书写之中。孔子在《尚书》中的《侯言》篇中说"周公授笔以写之",西汉书家刘向《说苑》中也有"周公笔牍书之"之说。这些记载说明了周时确已有笔和实用笔的历史。

以上这些记载的可靠程度如何呢？根据考古工作者研究和出土文物的不断发现，毛笔实物以它本来的面目展现在人们的面前，为上述记载的可信性作了最好的注脚，更证明了毛笔在当时人们的生活中已成为一种重要的书写工具。1954年6月，在湖南长沙左家公山的战国木椁墓中，出土了一支用上好的兔箭毛制作的较为完整的毛笔（如图2），笔头和整个笔身都套进一支竹管里。实心的竹笔杆，用工具削成圆柱形，笔杆长18.5厘米，杆粗0.4厘米，笔毛长2.5厘米。笔毛围在笔杆的一端，用细长的丝线缠紧，外面再涂上一层漆，使其固定牢靠，此笔笔尖具有锐键的特点，弹性强，蓄墨较少，不易多写。因发掘地在长沙，当时属楚国，故这支笔便被命名为楚笔。这支笔目前为我国最早的毛笔实物，但绝不是毛笔的启端，其源头仍可向前追溯，但它为我国的毛笔发明史提供一个最重要的证据。在发现毛笔的同时，还出土了铜削、竹片、小竹筒三件，这便是当时写字的一整套文具。竹片是供写字的简，铜削是用以刮削修正竹片上的错字的，小竹筒是盛放这些文具的。可见当时的人们已经相当注意书写工具的保养。以后，在湖北江陵、河南信阳等地楚墓中，都有战国时期的毛笔出土。这些文具和毛笔的出现，说明早在战国时代，人们就用毛笔在竹木简上写字，也使我们有幸见到两千年以前的毛笔实物。

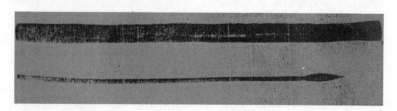

图2　战国毛笔

当时,由于各诸侯国割据称雄,各国文字各不相同,对书写工具的称呼也不尽统一。东汉许慎的《说文解字》中说:"所以书也,楚谓之聿,吴谓之不律,燕谓之弗。"到了秦代才称为笔,故有"蒙恬造笔"的传说流传至今。蒙恬是秦时有名的大将,曾统率三十万大军,击退匈奴的进攻,收复河套一带地方,后又奉秦始皇之命,负责监造长城。一次,蒙恬偶然看到城墙上沾有一些羊毛,便随手扯下,绑在一根木棍上,当作笔来写字,粗细大小,甚感方便,这便造出了我国第一支羊毛笔。这一传说后来便流行开来。浙江吴兴善琏镇还修建了蒙恬祠,以示纪念。蒙恬被后人尊为笔工之祖师,作为笔神,备受顶礼膜拜。《千字文》中就有"恬笔伦纸"的语句。传说毕竟是传说,当今大量文物的出土研究证明,早在秦以前,就已有毛笔的存在和运用。晋代崔豹《古今注》中说:"昔蒙恬始作秦笔耳。古以柘木为管,鹿毛为柱,羊毛为被,秦蒙恬始以兔毫、竹管为笔。"崔豹这一说法,应当说是较客观的。

考古发掘与研究证明,秦笔和崔豹《古今注》中记载的相吻合。1975 年 12 月,在湖北云梦县睡虎地一座秦墓里出土的器物中,发现了三支毛笔、一块烟墨、竹木简牍一千一百余枚、石砚一方、铜削刀一把。其毛笔为竹质,笔杆上端削尖,下端略粗,镂空成毛腔。笔杆长 21 厘米,径宽 0.4 厘米,笔毛长约 2.5 厘米,笔头形状,至今仍团聚圆饱。出土时,三支笔都放在用细竹管制作的笔套里。笔套中间两侧各凿一孔,以便取笔。其中一笔套的两端,有一骨圈紧缚,笔套上面并缠丝上漆加固。因笔出土于湖北省云梦县,又在秦墓之中发现,故被称为云梦秦笔。秦笔经历了两千一百多年之后,终于再见于人世间,它再次展现了中华民族的聪明才智和悠久的文化历史。

秦时笔已定名,由于人们对它注入了特别的感情,故有许多别名和尊称。唐韩愈《毛颖传》中说:"秦蒙恬南伐楚,次中山。猎围毛氏之族,拔其毫,载颖而归。秦皇帝使恬赐之汤沐,而封诸管城,号曰管城子。"因此毛笔也就有人称其为管城子或毛颖。可见当时毛笔在人们心目中的地位。同时毛笔已在秦时的政治文化生活中发挥了重要作用。特别是对汉字的演进普及起了很大的推进作用。从秦代通行的文字——小篆(秦篆)来看,已经摆脱了古文字的那种单纯图画的性质,书写趋于线条化,流畅自如,形体圆匀齐整,非毛笔所不能。存世的《琅玡台刻石》和《泰山刻石》残石,可看出其风格。由于毛笔的改进和广泛应用,又加之战事较多,随之出现一种"佐助篆书",并逐步代替篆书的书体——隶书。把篆书圆转的笔画变成方折,在结构上改象形为笔画化,便于书写,推进了文字的向前发展。文字的发展更有于毛笔的发挥;毛笔的改进,更有利于文字趋向美化。并造就了李斯、程邈这样名震当时,流芳后世的书法大家。

三、两汉制笔业的初起

汉时,随着生产的发展和各地区、各民族之间政治、经济的加强,文化事业也蓬勃发展兴旺起来。特别是造纸术的发明,毛笔的应用日益广泛,需求量日趋增大。当时,最高统治者令诸侯国进献兔毫,足见一斑。晋王右军《笔经》中也有其记载:"汉诸君献兔毫,书鸿都门,唯有赵国毫中用。"其意是诸国所献毫料,只有赵国为优,赵国平原广阔,多生细草,其兔肥毫长而且坚锐,是制笔的好原料。以此可以看出当时制笔的数量是多么可观,同时,在质量上也引起了人们的重视。

汉时,毛笔制作多以硬毫为其正宗,且多以竹制笔杆。后汉蔡邕《笔赋》中载:"惟其翰之所生,于季冬之狡兔,性情亟而剽悍,体遄迅以骋步。削文竹以为管,加漆丝之缠束。形调抟以直端,染玄墨以定色。"除兔毫外,有的原料还取用于鼠须,鼠须为硬性,不亚于兔毫。唐段公路《北户录》中载:"鼠须均州(今湖北省均县)出。"以鼠须所制之笔,深得当时书家的赏识,南朝宋刘义庆《世说新语》中说:"钟繇、张芝皆用鼠须笔。"可见汉时,硬毫笔占有主导地位。

1975年,湖北江陵凤凰山168号一西汉早期墓中,发现毛笔一支,笔杆竹质细捷,笔头纳入其内,尚存有墨迹,笔锋仍圆饱劲健,当属硬毫笔(如图3)。出土时,毛笔装在一个中部两侧镂空的笔管里。同时同地还发掘出另一西汉初年墓,也出土了一支竹质杆毛笔,笔毛已朽无踪迹,毛腔仍存。无独有偶,1978年在山东临沂市城区东南隅金雀山第11号西汉墓中,出土了盒装

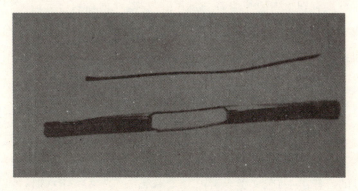

图3　西汉初期毛笔和笔套

石砚、笔筒,同时出土了一支竹质实心无皮笔杆,笔头已损失,杆头残留迹象表明,笔毛是插在笔杆空腔内,末梢斜削,直径 0.6 厘米,杆长 23.8 厘米。观其毛笔实物,和前述蔡邕《笔赋》中所言巧合,由是找到明证。

汉时的毛笔,除上述取材、制作方法外,在我国西北边远地区,毛笔的制作独具特色。1927 年,由徐炳昶和斯文·赫定率领的西北科学考察团在蒙古额济纳(汉称居延泽)河边发现了西汉时代较为完整的毛笔。其形状为木质笔杆,在木头一端劈开六片,把兽毛制成笔头夹在中间,然后,用细麻线缠束索捆起来,并涂漆保护。1930 年,西北科学考察团在蒙古额济纳河流域发现一万多枚汉代木简,其中杂有一笔。经研究为东汉初年之物。其笔杆以木制作,头部劈为四瓣,纳笔头其内,用细绳缠绕,并涂以漆,笔杆长 21.9 厘米,笔头长 1.4 厘米,因墨染其上,难辨其毫料,而锋仍呈白色。因这两支笔均发现于这一地区,故命名为居延笔或居延汉笔。据说先是马衡先生定其名的。

从这一木杆毛笔的发现,我们可以看出当时我国西北边远地区的制笔特点,此地多木而少竹,只有就地取材,因地制宜,制作显然有别于内地。但有一点不容忽视,从内地到边远地区,从战国笔到汉时笔,无论是竹质笔还是木质笔,其笔根处均以丝线捆扎缠绕,笔用秃后,便于脱卸更替新的笔头,可以一杆多用。古人的"退笔"就是指取下来的这种废笔头。这对理解古人"易柱不易管"之说有了注脚。

汉时毛笔,无论在笔管的用料和保藏毛笔的方法上,都有较大的改进,有的制作相当考究,并成为统治者的赐物。据我国最早的官修类书《艺文类聚》中《汉官仪》说:"尚书令仆丞郎,月给赤管大笔一双。"特别是当时统治者的用笔,更是奢华无比。吴均《西京杂记》中说:"天子笔管以错宝为跗,毛皆以秋兔之毫,官师路扈为之。以杂宝为匣,厕以玉璧翠羽,皆值百金。"同时又反映了当时的笔工们制笔技艺何等精湛。文中"官师路扈"就是当时的著名笔工。宋董逌《欧阳通碑》中也有"路扈一世名手,且重以杂宝为跗,然其善不过秋兔之毫"的记载。

汉时,许多著名的书家,其本人也是精制毛笔的名匠,时称草圣的张芝,不仅以创今草闻名,而且以制笔名扬当时。南朝书家王僧虔《论书》中把张芝笔、子邑纸、仲将墨视为三珍。东汉文学家、书法家蔡邕,精汉隶,创飞白,有"体法百变"之称,平生最喜用张芝笔。制笔名家的出现,促进了当时制笔业的兴起,一些制笔作坊也不断涌现。有的将笔匠名字或作坊名字刻在笔杆上,以标明笔的出处或显耀制笔技能。其作用类似于今日商品的商标或广告。1957 年,在甘肃武威磨嘴子二号汉墓中,出土东汉毛笔一支,竹质实心笔杆,上尖下圆,长 20.9 厘米,笔杆径宽 0.7 厘米,下端凿一孔,用以容纳笔毫,可惜笔毛已荡然无存,外边缠细丝,涂上漆以加固,笔杆上就刻有"史虎作"三字。1972 年在同一地区 49 号东汉墓中,出土毛笔一支,竹杆中空,同是上尖下圆,长 21.9 厘米,笔杆径宽 0.6 厘米,笔尖长 1.6 厘米,笔头纳入笔杆前端凿孔处,黑紫色的硬毛,外覆黄褐色短毛,笔芯根部仍残留墨迹。这和《古今注》中的兼毫笔极为相似。杆外扎细丝线并涂漆,笔杆中部以隶书明刻"白马作"三字。以上两支笔的"史虎作"、"白马作"字样,据有关工作者研究,可能为当时制笔名匠或制笔作坊的刻记。这两支笔同为我国至今发现得最早的刻有名号的毛笔实物。制作方法同秦形制无别,其长度较为一致,正合汉尺一尺(汉尺约合 23 厘米),这也和王充《论衡》中所说"一尺之笔"相吻合。从此也可以看出,汉时在毛笔的制作上，已经有了统一的长度规范。其笔杆大都是尾部削尖，"白马作"笔出土时，尖部位于墓主人头部左侧，显然是原来簪于头上的。由此可推测出，这可能就是簪白笔的一种做法。汉代官员为了奏事或记言的方便，将笔杆尖端部分插入发束中或冠上，以备随时取用。这种携带、放置毛笔的方法，就叫作簪。所谓白笔，就是指没有蘸过墨的新毛笔。这在汉时，已成为官府中的一种制度，据说当时的二品文官皆簪白笔。据1954年在山东沂南县西出土的一座东汉时期的画像石墓中，前室东、南、西三壁之上额都刻有《献祭图》，可以清楚地看出，图上一些持笏祭祀者的冠上，都簪着一支毛笔。可见汉代簪白笔的普遍程度。这种习俗，由来已久，只不过到汉时较为盛行，已经制度化了。到了南北朝时才有所改变。

汉时制笔业相当普遍，民间也出现了以制笔为业，经营毛笔的艺人。汉刘向《列仙传》中说李仲甫（汉颍川，今河南禹县人）："汉桓帝时，卖笔辽东市上，一笔三钱。有钱亦与笔，无钱亦与笔，明旦有成笔数十束……"至此可知李仲甫为当时的笔工和卖笔经营者。制笔业的兴起，使毛笔得以广泛普及。据晋王嘉《拾遗记》中载：汉安帝时，王溥"家贫不得仕，乃挟竹筒插笔于洛阳市肆佣书……善笔而得富"。可见当时已开始出现了以抄书为业的人，时称佣书。佣书多是售书者，他们在缮写过程中饱览多种书籍，最后有的成为名士或朝廷重臣。王溥最后就成为东汉的名士，可谓佣书成才的范例。

东汉熹平四年（175），汉灵帝曾令名书法家蔡邕用隶书书写石经，立碑于洛阳太学门外，史书上说：来观看抄写的人"车乘日千余辆，填塞街陌"。唐张怀瑾《书断》中载，灵帝好书，征天下工书于鸿都门，至数百人，足见民间用笔之规模。

唐蔡希综《法书论》中说："章草兴于汉章帝。"章草是否由汉章帝所创，不敢断言，却说明了汉章帝较擅长书法。《外戚传》中记载："孝成许皇后聪慧，善史书。"从此可以看出汉时从宫廷到民间，用毛笔习字已相当普遍，致使当时书坛上出现了百花齐放的新局面。孕育了新书体的诞生。隶书取代了篆书，占据了主要地位，特别是东汉时期，隶书较为成熟，并进入繁荣阶段。在此基础上又开创了一种新的书体章草，它充分利用毛笔柔软的特点，使笔法草率简捷，笔画连缀萦带，通过艺术加工，形成一种风格独特和颇具艺术价值的书体，至今仍为人们所效仿。

除书法艺术在汉时得到巨大发展外，研究书法艺术，论述毛笔制作的理论著录也有所增多。蔡邕《笔赋》篇就是专门论述当时毛笔制作方法的代表作，对当时的制笔生产和后世制笔业的发展，都有很大的影响。

四、魏晋南北朝制笔业的进展

魏晋南北朝时期，是中国书法各类书体成熟的阶段。楷书、行书、草书体盛行，众多的书家风格各异，取得了空前的艺术成就。这一切均和当时的书写工具有着密不可分的联系。特别是毛笔的制作，工艺较前大有改进，种类显著增多，为书法艺术的发展打下了良好的基础。

魏时，书家韦诞以制墨闻名当时，而且擅长制笔。北魏贾思勰《齐民要术》中载有韦诞制笔的方法：以兔毫与青羊毛相杂。

这种兼毫笔,刚柔相济,软硬适中,深得人们的喜爱。韦诞在制笔的同时,还注意总结经验,著有《笔经》一书,对制笔之法介绍极为详尽,制笔之法:"桀者居前,毳(短毛之意)者居后,强者为刃,软者为辅;参之以苘(似麻的纤维),束之以管,固以漆液,泽以海藻;濡墨而试。直中绳,曲中钩,方圆中规矩,终日握而不败,故曰笔妙。"从此可看出韦诞制笔,善于取用几种不同兽毛,以硬毫为柱,柔毫为被,健者为心,软者为副。在毫料运用上,多以鹿毫为柱,羊毫为被而为之。韦诞屡经实践总结出的这一制笔方法,已成为我国传统制笔法之一,人称韦诞法,一直为后人所效法,并沿用至今。

魏至晋时,制笔趋于大而锋毫饱满,不仅有硬毫笔、软毫和硬毫相杂的兼毫笔,而且软毫笔也名扬当时。书家可根据自己擅长的书体、用笔的爱好和艺术实践,选择刚柔不同

图 4　东晋前凉毛笔

性能的书写工具,创造各种风格的书法艺术。1985 年在甘肃武威市柏树乡下畦村旱滩坡出土一支东晋毛笔(如图 4),笔杆和笔帽均为木质,笔杆前粗后细,依然沿袭着汉代簪白笔的制作特点,笔头为羊毫制作而成。

晋时制笔方法,基本沿袭旧法,毫料选用多推崇兔毫,兔毫笔仍为当时人们一致推崇的佳笔。晋傅玄《笔赋》中:"简修毫之奇兔,选珍皮之上翰。濯之以清水,芬之以幽兰,嘉竹翠色,彤管含丹,于是班匠竭巧,名工逞术,缠以素枲,纳以玄漆。染芳松之

淳烟,写文象于纨素,动应手而从心,焕光流而星布。"从这里可以看出其选料的严格、工匠制笔的高超技艺。一支得心应手、称心如意的佳笔,来之何等不易。另外,东晋书法家卫夫人《笔阵图》中说:"笔要取崇山绝仞中兔毫,八九月收之,其笔头长一寸,管长五寸,锋齐腰强者。"可见当时书家对笔的要求之高。从毫料的选择,以至笔头、笔杆的长度及成笔的质量,都有了一定的标准。从此也可看出当时书家对兔毫偏爱之极。

鼠须笔的制作,也深受书家的青睐,南朝宋刘义庆《世说新语》中说:"王羲之得笔法于白云先生①。先生遗之鼠须笔。"王羲之所书《兰亭序》,就是用锋强毫锐的鼠须笔书写成的,所书遒美劲健,绝代无比。相传王羲之当时曾同笔工韦昶共同切磋,试制鼠须笔,韦昶所制之笔,被人称为"绝世佳笔"。这种鼠须笔的制作方法久已失传,当时是不是真的用老鼠须,还是松鼠之类的胡须,不得而知。今天文具店也多出售鼠须笔,实际上名存实亡,多为兔毫所制。据说,曾经有人以重金在粤东购得鼠须,制作成笔后试书,和紫毫笔无别。看来,鼠须笔无非是一种弹性强、笔毫健的种类,物以稀为贵,鼠须笔大概就是如此吧。

此外,其他稀有毫料的毛笔制作,也多有涌现,鹿毛笔在东晋时也颇受书家欢迎。唐段公路《北户录》中载:"鹿毛笔,晋张华尝用之,不下兔毫。"鹿毫笔其性能和紫毫相仿,然较为罕见,不及兔毫普遍。当时有人误以人须制笔,写字甚佳。刘恂《岭南异物志》中说:"岭外既无兔,有郡牧得兔毫,令匠人作。匠既醉,因失之,惶惧乃以己须制。"没想到以须制成的笔却异常好用,笔匠坦白以己胡须所制。于是太守下令每户赋加人须税,无者按

---

① 东晋穆帝时人,生卒年不详。

笔价纳金。至此人须制笔流传后世。另载:"岭外尤少兔,人多以杂雉毛作笔亦妙。"这种鸡毛笔,其性较软,很少用及。晋张华《博物志》中载:"有兽缘木,文似豹,名虎仆。毛可取以为笔。"因此其名为虎仆笔。总之魏晋时,制笔的原料不像汉时那样单一,而且取料广泛,毫毛多变,性能各异,各有千秋。为书家提供了前所未有的各种性能的毛笔。因此书家在用笔的选择上,也相当讲究。王羲之在《题卫夫人〈笔阵图〉后》中说:"若书虚纸,用强笔;若书强纸,用弱笔。强弱不等,则蹉跌不入。"从此也可看出书家根据不同的书写材料而选择不同性能毛笔的技能,是何等灵活、高超。

晋时除制笔工艺较前进步,种类繁多外,记载制笔的著录,也随之问世。晋张华《博物志》中对笔的制作,多有论及。晋武帝曾以辽西国所献名笔麟角笔管赐予名士张华,以示褒奖。晋王嘉《拾遗记》中有载:"晋武帝以《博物志》成,赐张华麟角笔管,辽西所献也。"

南北朝时,使用的毛笔仍属可以退下头的毛笔,这种易头而不换管的方法,世称为退笔。唐何延人《兰亭记》中载:南朝书家智永,为王羲之七世孙。"常居永欣寺阁阁上临书,所退笔头置之于大竹簏,簏受一石余,而五簏皆满。"然后,把废笔头埋入地下,做个坟墓,称为退笔冢。笔头为可退之笔,仍沿袭汉笔的制作。当时民间制笔也相当普遍。《江南府志》中载:"南朝有姥善作笔,萧子云常用之,笔心用胎发。"这是我国妇女制笔和以小儿胎发为制笔原料的最早记录。唐时诗僧齐己有"内惟胎发外秋毫,绿玉新裁管束牢"的诗句,也说明了以胎发为柱、兔毫为被制作毛笔的出现。

当时统治者的用笔,仍以贵重形美为佳。南朝梁元帝工书善画能诗，时有"三绝"之称，曾使用金管、银管、斑竹管的毛笔。孙光宪《北梦琐言》中载："梁元帝为湘东王时……笔有三品，或以金银雕饰，或用斑竹为管。"据说用三品笔来记载忠臣义士及文章的精华：忠孝两全的人使用金管笔书写之；德行清粹的人，使用银管笔书写之；文章赡丽的人，使用斑竹管笔书写之。笔杆之名贵，仅可供观赏而不便使用。

南北朝时，笔杆的制作一般较短，一改古代笔杆后端削尖的制作方法。《隋书·音乐志》中载：南齐武帝永明年间反对这种装饰，至此，从古代沿袭下来的簪白笔的习俗被取缔。笔杆由此变短，笔杆尾部不再削尖。这在制笔史上可谓一个新的改革。由于那时没有今天这样的高腿桌椅，写字的人大多盘坐在席上，而把纸铺在几上来写，自然而然地就要悬肘书写，因而对笔的要求，杆要短，锋要齐，腰中强；写字时，要管直心圆，万毫齐力。旅美作家梁厚甫在《科学书法论》中，对古人与今人写字的高低有一研究对照："古人放纸的位置，当接近腹部而不如今人之放在胸前。其比例，正如我们现代的人，把桌子的高度，降低四五英寸，或者把我们椅子的高度，抬高四五英寸。"这一说法，正是说明了古时写字时用的是矮几案，所以必然要悬肘书写。今天我们的家具起了变化，悬肘、悬腕就有一定的难度，对此应引起书者的注意。

南北朝时的制笔名匠，却很少见于著录。相传释智永（王羲之第七世孙）当时曾云游善琏（今浙江省吴江县善琏镇），指导笔工，提高制笔质量。后经人们的长期实践，致使元后，善琏镇生产的湖笔声名大震。

纵观魏晋南北朝各个时期，书写工具的笔，在数量、质量上都得以改进，远远超过汉代，从而为这一时期发挥其艺术才能，创造独具艺术的书风,提供了极大的便利条件,有力地促进了各类书体的成熟和发展,涌现了大批卓有成效的书法大家,并以独特的风貌名震当时,影响后世。钟繇的隶书、楷书,结体朴茂,出乎自然;皇象章草,笔势沉着,纵横自然;卫夫人正书,妙传其法,为人宗尚;王羲之正书、行书,字势雄强,诸多变化;王献之行书、草书,英俊豪迈,饶有气势;智永和尚,精研书艺,影响初唐。大批书家的涌现,促进了这一时期书法艺术的突飞猛进,使这一时期成为我国书法艺术的鼎盛阶段。

五、唐代制笔业的繁荣

唐代发达的政治经济文化,有力地促进了手工业的发展,使当时的制笔业处于空前的繁荣阶段,同时把唐时的书学推向一个新的高度。

唐时毛笔的制作已相当精致,由于朝廷和社会各界对书法的提倡和重视,毛笔的生产已相当广泛,渐渐摆脱书家制笔的习惯,出现了专门的笔匠和作坊。毛笔的生产当时以安徽宣州(今安徽宣城市)为最,这里依然为全国制笔的中心。出产名笔宣笔,或称徽笔。

宣笔始于秦时,据记载,公元前 223 年,秦将蒙恬途经中山(今安徽宣城泾县一带),得到毛质较高的兔毫,便成功地制造了首批改良的秦笔。这便是宣笔的祖先。宣笔一向以选料严格、制作精细著称于世,赢得历代书画家的仰慕追求。唐代诗人墨客多以宣笔为题材赋诗作词,挥墨赞咏。唐耿沣在亲试宣笔后,欣然写下了《咏宣州笔》的诗篇:"落纸惊风起,摇空见露浓,丹青与文事,舍此复何从!"唐诗人白居易也曾写下脍炙人口的《紫毫笔》诗,对宣笔选料精严和人们付出的劳动代价的歌颂,更是淋漓尽致:"紫毫笔,尖如锥兮利如刀。江南石上有老兔,吃竹饮泉生紫毫。宣城之人采为笔,千万毛中拣一毫。毫虽轻,功甚重,管勒工名充岁贡,君兮臣兮勿轻用。"诗中还说:"每岁宣城进笔时,紫毫之价如金贵……"从诗中可知,当时宣笔很名贵,大为士林所重。宋陶谷《清异录》中记载:唐时,举子入场嗜利者争相购买价昂十倍的"定名笔",中榜者还须以钱"谢笔"。这样的笔只有"价如金贵"装潢雅致的宣笔才能匹配。可见宣笔在唐时已执同业之牛耳。

唐时在笔的形体上,有新的改进,鸡距笔就是其代表之一。鸡距即是鸡后爪,形容其笔锋短小犀利,而故名。唐代诗人白居易《鸡距笔赋》中说:"足之健兮有鸡足,毛之劲兮有兔毛。就足之中,奋发者利距;在毛之内,秀出者长毫。合为乎笔,正得其要,像彼足距,曲尽其妙。"从而可看出文中描写的鸡距笔,笔毫劲健。这种短而硬挺的笔头,对唐代书法有相当大的影响。唐与晋在制笔上多是以坚挺为上的硬笔为主流。那时还没有普遍使用高腿桌椅,多是盘坐席上写字,笔锋故不能软长。因此宣笔多是以兔毫为主要原料,即以紫毫见长,故有"笔锋杀尽中山兔"一说。《元和郡县志》中载:"中山,在(宣州溧水)县东南一十五里。出兔毫,为笔精妙。"其毫长而劲,尤以春、秋季的兔毫为最,所制之笔,有锋颖尖锐、丰硕圆润、劲健有力等特点。在笔杆制作上,工艺也相当精致,我们今天仍能见到的有唐象牙金银装竹管毛笔。另有相当讲究的笔杆雕刻装饰,都极为精美。这些不仅是书写工具,而且还是一种艺术欣赏品。

唐时书家对笔的选用是相当严格的。唐初书法家虞世南《笔髓论》、书家韩方明《授笔要诀》中说"笔管长不过五六寸",书家张怀瓘《玉堂禁经》中则要求"心圆管直"。清梁同书《笔史》中说:"柳公权《笔偈》:'心性硬,覆毛薄,圆如锥,捺如凿,只得入,不得却。'盖缚笔要紧,一毛出即不堪用矣。"唐时毛笔的特点,反映了当时书家及书风的时代风貌。

唐时宫廷的用笔,除地方进贡宣笔外,还专门设立了制笔作坊,以保障其供给。《新唐书·百官》中载:太极元年秘书省"有楷书十人……笔匠六人"。弘文馆设置"有学生三十八人……笔匠三人"。另史馆、集贤殿书院等官署机构均设有制笔匠人,且不乏巧匠,专门制笔供用。就连当时皇帝写诏或代笔书写,也是以毛笔为主要书写工具。五代王仁裕《开元天宝遗事》中载:"李白于便殿,对明皇撰诏诰,时十月大寒,笔冻不能书字。帝敕宫嫔十人,侍于李白左右,令各执牙笔呵之,遂取而书其诏。"此载虽较风流,但皇帝书诏用毛笔,是确定无疑的。因此我们完全有理由相信,唐时制笔,无论是民间作坊制笔,还是宫廷制笔;无论是制作技巧,还是选材取料以及笔杆镂雕艺术上,都堪称为精美无比的艺术品。

唐时制笔名家辈出,尤以诸葛氏和陈氏为一代名手。诸葛氏所制鸡距笔最佳,毛纯耐用,刚柔适中,所造之笔世称诸葛笔,其造笔法,人称诸葛法。宋郑文宝《江表志》中载:"宜春王从谦喜书札,学二王楷法,用宣城诸笔,一枝酬十金,劲妙甲于当时,从谦号为'翘轩宝帚'。"

另一名家为宣州陈氏,所制之笔驰名当时,为众多书家所珍爱。大书法家柳公权为了得到此笔,曾写过"求笔帖",向宣州陈氏求笔。宋邵博《闻见后录》中说:"宣城陈氏家传右军求笔帖,后世益以作笔名家。柳公权求笔,但遗以二支,曰:'公权能书,当继来索,不必却之。'果却之,遂多易以常笔,曰:前者右军笔,公权固不能用也。"

另外,著名的制笔匠人也见于时人著录中,唐段成式《西阳杂俎》中记述:"开元中,笔匠铁头,能莹管如玉,莫传其法。"记叙的就是唐开元中人铁头,为当时的著名笔工。清梁同书《笔史》中有唐代制笔家黄晖的记载。另唐代齐己有《寄黄晖处士诗》:"蒙氏艺传黄氏子,独闻相继得名高。锋芒妙夺金鸡距,纤利精分玉兔豪。"诗中赞扬了黄晖高超的制笔技艺。这都充分表明了宣笔为世人所重,正是由宣笔本身所具备的优越条件及能工巧匠的艺术创造所决定的。

唐时,毛笔随着社会经济的发展和交通的便利,对同少数民族地区和亚洲各国的文化交流、发展作出了不可磨灭的贡献,同时对促进民族团结和国外关系都发挥了重要作用。

当时吐蕃王朝的松赞干布爱好唐朝文化,几次派人向唐朝求婚。公元641年,唐太宗李世民将宗室女文成公主嫁给他。文成公主带走了包括笔在内的许多工艺品,并带走许多造笔、纸等的工匠。相传文成公主途经青海玉树时,因当地人民挽留,就在景色宜人的白昂沟停留了一个月。工匠们便在白昂沟向阳的岩壁上,凿刻了至今保存完整的九尊浮雕佛像和九尊纹刻佛像及汉文、藏文颂词等。据《文成公主庙》载:右边崖壁上,留有文成公主亲手书写,工匠摹刻的汉字楷书十六行等,在这石壁上还有据说是文成公主留下的"赤足印"。这种记载和传说,无疑是对文成公主为汉藏两族的文化交流、人民友谊所做贡献的赞颂。从此可以看出笔在其中的重要作用。

　　唐时和日本的关系较前更为密切,中日两国文化交流更加丰富,两国人民友好往来不断,到我国来的日本遣唐使就有十三四次,有的一次人数多达五六百人,包括官吏、书画师、学问僧等。《帝王编年记》载:仁明朝的一次竟达 651 人之多。唐代著名僧人鉴真应日本僧人邀请东渡日本,屡遭覆舟之难,出生入死,六次东渡,终于在天平胜宝六年(754)到达日本,这时他已76 岁,双目失明,带去了包括笔、帖等大量的文物。圣武天皇给予盛情接待,并建造了唐招提寺,天皇女儿孝谦女帝赠送自己亲笔写的"唐招提寺"的木匾。他留居日本十年,辛勤不懈地传播唐朝文化,为日中文化交流、日中友谊做出了不可磨灭的贡献。鉴真当年带走的一支笔,一直被列为日本的国宝之一,被日本奈良正仓院所珍藏,已成为珍贵的艺术品和中日文化交流的一个象征。这支笔以羊毛为柱,毛颖短粗,柱根裹有麻数十重,外有薄薄的一层粗毛覆盖其上,笔头几乎呈三角形,这和白居易诗中所描述的形状极为相近,研究人员认为纯属宣笔中的鸡距笔一类。笔杆上有墨书"文治元年八月二十八日开眼法皇用之天平笔"字样,故称天平笔。

　　唐德宗贞元二十年(804),日本净行僧空海与橘逸势等人一起从海路来长安学习,公元 806 年空海、橘逸势等回到日本,把晋、唐人的书法及我国制造和使用书写工具的经验和书籍带回本国,并多次献给嵯峨天皇。当时嵯峨天皇、空海和橘逸势三人竭力在日本推行唐代书风,遵循和倡导中国书法的规范,为日本型的书道艺术打下了坚实的基础。日本至今仍有不少汉字书法家。空海所著的《执笔法》、《使笔法》已成为日本研究笔艺的最早记录。日本书道界的书道研究者写字,至今颇多中国唐代之遗风,大都盘坐地上,纸放在几面上,悬腕提肘书写,仍不失我国古法。

唐时,外域笔开始引进。这不但丰富了我国毛笔的品类,而且对我国书法发展起到了一定的促进作用。当时我国同朝鲜一直保持着友好睦邻关系,7世纪后期,朝鲜人更频繁地到长安留学,广泛地研究中国的政治和文化。当时,唐朝和朝鲜贸易往来不断,向朝鲜输出丝绸、瓷器、药材、书籍等,从朝鲜输入布、麻、笔、墨、纸、折扇等。据说以狼毫制成的笔最早出于朝鲜。明屠隆《考槃余事》中载:"朝鲜有狼尾笔。"由于朝鲜和我国东北接壤,气候寒冷,终年多雪,黄鼠狼尾巴常常在雪地里拖拂,所以尾毫较长和坚劲,锋芒锐利,富有弹性,是制笔最好的原料。狼毫笔清劲有力,故唐时开始有人用此笔书写,以至影响至今,为书家及书法爱好者所欢迎。

由于唐时朝廷对书法艺术的重视,制笔业较为兴隆,制笔工艺不断提高,为书法艺术的发展提供了极大的便利条件,较之以前打下了更牢靠的物质基础,而且引起唐文苑的关注。耿沨的《咏宣州笔》、白居易的《紫毫笔》和《鸡距赋》以及女诗人薛涛的《笔离手》诗,都从不同的角度,写下了颂笔咏笔的不朽诗篇。同时也造就了许多著名书法家,如唐初四大家(欧阳询、虞世南、褚遂良、薛稷)、"颠张狂素"(张旭、怀素)、"颜柳"(颜真卿、柳公权)等,均以不同风貌流传后世,影响海外。他们的书体至今仍为人们学书习字的范本。

六、宋代制笔的改革

宋代,由于手工业和建筑技术的进步,人们居住的室内空间较之古代有所增高和扩展。使席地起居的习俗受到冲击,新式的高腿桌椅开始普及,形成自低而高的发展趋势。宋时上层社会对高腿桌椅的运用阻力极大,据宋著名诗人陆游《老学庵笔记》中说:"往时士大夫家,妇女坐椅子杌子,则人皆讥笑其无法度。"这说明宋时,在士大夫家中妇女坐椅子是有失礼仪的。但当时民间颇为流行高腿桌椅。人们多坐在椅子上写字,其姿势变得舒展大方,对于笔锋的硬度要求当然与以前截然不同,相应改变晋、唐以硬挺为上的制笔方法。使制笔原料及笔的性能趋于多样化,并向软毫方向发展。

北宋制笔,宣城仍为全国制笔中心,并影响到歙州(今安徽歙县),黟州(今安徽黟县)、广陵(今江苏扬州市)等地。南宋时,由于朝廷南迁临安,偏安一隅,全国的政治、文化重心也随之南移,于是,制笔中心也由宣城转移到浙江吴兴县一带。此地产笔,到元时才声名大震。

宋时笔的制作达到了精美绝伦的地步。唐时制笔大家诸葛氏创始的诸葛法制笔技艺,到宋时由他的后裔发扬光大,创制了海内称第一的无心散卓笔。宋叶梦得《石林避暑录话》中载此笔"出于宣州,自唐惟诸葛一姓传其业。治平、嘉祐前,有得诸葛笔者,率以为珍玩,云一支可敌它笔数支,熙宁后世始用无心散卓笔,其风一变。"无心散卓笔性能较之有心者软得多,其毫料是以一种或两种兽毫参差散立而组合。宋苏易简《文房四谱》中说:

"先用人发杪数十茎,杂青羊毛并兔魊,惟令齐平。以麻纸裹柱根令治。"其笔毫长1寸半,藏1寸于管中,这样笔毛根基牢固,书不秃散,久用不败,含墨较多,书写流畅。为风雅之士所珍爱。

宋时各地制笔的多样化,简直可使人眼花缭乱,除士大夫中间多用狼毫笔外,还有一种鼠尾笔较为人喜用。这种鼠毛笔,由晋时鼠须为原料,转以鼠尾为原料。宋书家黄庭坚《戏赠米元章》诗中有"万里风帆水著天,麝香鼠尾过年年"的诗句。其意充分表述了诗人墨客流浪漂泊和寄情于笔墨的生涯。这里的鼠是指松鼠而言。苏东坡在《孙莘老求墨妙亭》诗中写道:"书来乞诗要自写,为把栗尾书溪藤。"句中的栗尾就是指松鼠尾毛所制之笔。据说当时宋四家——苏(轼)、黄(庭坚)、米(芾)、蔡(襄),都喜用鼠尾笔。此笔可能稍软于鼠须笔。

另有一种猩猩毛笔,在宋时颇为流行。宋代杰出的诗人陆游80岁时自题的《自书诗》的墨迹,就是用猩猩毛笔写成的,笔工郭瑞卿也善以猩猩毛做笔,但制作量较少。除此,当时的近邻高丽国制作的猩猩毛笔,也不时进入我国。《山谷诗集注》中载:"高丽笔芦管黄毫,健而易乏。旧云猩猩毛。"宋时笔工严永曾取用高丽国之猩猩毛笔之毫料,重新创作成笔,为人称赞。宋黄庭坚《笔说》中载:"严永蒸獭毛为余作三副笔,亦可用;又为余取高丽猩猩毛笔解之,拣去倒毫,别捻心为之,率十六七,用极善。"猩猩毛笔其作用、名声远不如宣笔为佳。

宋苏易简所著《文房四谱》中,有以羊毫作为制笔原料的记载:"今江南民间使者,则皆以山羊毛焉。蜀中亦有用羊毛为笔者。往往亦不下兔毫也。"当时我国的西北之境,多产黄羊,西夏国时,曾尝试以黄羊尾毫制笔。可见当时软毫笔制作已不限于一地一域,用羊毫笔写字者也大有人在。据说北宋书家米友仁

（米芾之子，世称"小米"）曾传下一张帖，本人说明是用羊毫笔所写，故写得不好。羊毫初制，技艺未精，弹性幅度远不如硬笔大，用之不习惯，故写字难看。但作为士大夫在以硬毫笔为其传统书写工具中，选用软毫写书，实为一大胆举动。软毫笔在宋时得以发展并逐步推广使用。

宋时还生产一种比羊毫性能更软的毛笔——鸡毫笔。明陈继儒《妮古录》中记载："宋时有鸡毫笔。"其原料是用鸡的有柄细羽及鸡的绒毛合制而成的笔，呈绒状，含墨量大，性极软，使用极为困难，不像羊、狼毫笔有尖锐的笔锋，故不能制作小楷笔，粗柄鸡毫，柄硬而弯曲，两旁所生之羽绒毛不长，锋端不能平齐，故不能做笔。所以鸡毫笔多为中楷和联笔。因属稀有产品，使用范围狭小，多不生产。宋时还盛行一种羊毫、兔毫合制的兼毫笔，多受人欢迎。宋陈槱《负暄野录》中说："以羊合兔盛于今时，盖不但刚柔得中，差宜作字，而且价廉工省，故人所竞趋。"

宋代制笔脱离了前代的俗套，向多样化趋向演变。名工巧匠，层出不穷，举不胜举。宣州诸葛氏家族中就有诸葛高、诸葛元、诸葛渐、诸葛丰，其中尤以诸葛高声誉最大。歙州吕道人，善制笔而工书；黟州吕大渊，承仲将（魏时韦诞）作笔法，大小二十种，尽如人意；广陵吴说，继承家法，精研制笔，为当时书家所推崇；新安汪伯立，名声卓著，在南宋理宗时，所制之笔被列为贡品，与当时李延珪墨、澄心堂纸、羊斗岭旧坑砚，一起被誉为新安四宝。此外，两宋笔工在当时较为闻名的，尚有绍兴笔工屠希，"屠希一笔价必千，绍兴初载海内传"，足见名声之大。浙江钱塘笔工程奕、江西弋阳笔工李展、江苏常州笔工许顿等，所制之笔，均为时人称道乐用。

图 5　南宋毛笔

随着制笔技艺的提高,毛笔除具有使用价值外,有的已成为人们欣赏的艺术品。因此,对毛笔的保护已成为重要的课题。宋时依然保留古代装入竹管、套上笔帽的较为简单的保管方法。1978 年江苏武进村前蒋塘南宋墓出土一毛笔(如图 5),就带有圆管形的笔套,与现在的笔套毫无二致。除此,还采取较为科学的护笔、藏笔方法,以延长毛笔的寿命。明代屠隆《考槃余事》中记载苏轼有一方传世:"以黄连煎汤调轻粉蘸笔头,候干收之,则不燥。"苏轼在《书杜君懿藏诸葛笔》一文中说:"君懿胶笔法,每一百支,用水银粉一钱,上皆以沸汤调研如稀糊,乃以研墨。胶笔永不蠹,且润软不燥也。"黄庭坚在长期的实践中,总结出"以川椒黄檗煎汤,磨松烟,染笔藏之尤佳"。除这些方法可借鉴外,今时极通行简易的方法是:用硫黄酒将笔头浸透,晾干后收起即可。这样既易于保管,又能延长毛笔的使用年限。另外在盛放笔的盒子里略放一些樟脑,以防各种虫蛀,如用冰片,效果更好。

宋时,出于最高统治者喜爱、讲究书画艺术,在全国形成偃武修文的风气。在书法史上曾出现繁荣的局面,使宋代书学在继承唐代书学基础上有所发展。朱长文的《续书断》、姜白石的《续书谱》、陈思的《书苑菁华》、米芾《书史》等,对保存古代书学资料,对历代书家评论等,都有一定的价值。文中还有对笔墨的论述。除此,当时还有专门论述书写工具的专著问世。北宋苏易简撰写的《文房四谱》(又称《文房四宝谱》),则是我国最早的一部以咏笔及其他文房器具为题材的专著。

由于宋时的毛笔制作向软、熟、散等方向发展,极适应行、草书的书写。宋代楷书不及唐代,而行、草书极讲意态,神韵特具,成就极大。今人周汝昌在《书法艺术答问》中说:"软毫这种东西,晚到宋代才盛行起来,我国书法艺术史,以唐宋之际为一大分水岭,其前其后,笔致大不相同了,其间原因很多,而由硬毫到出现软毫,是一个根本性的原因。"苏轼的行书,用笔流畅自然;黄庭坚的大小行书,挺秀自如,落笔奇伟;米芾的行书,豪爽多变,推陈出新;只有蔡襄行书拘谨,展放不足。综上所述,我们可以看出,落拓不羁的宋意书法与毛笔的改良精作有很大的关系。正是由于这类毛笔的产生,影响了书风的变革,形成了宋代书法纵横驰骋的艺术风格。

七、元代湖笔的崛起

宋元之交,宣州遭受战乱的骚扰,笔工们四处流散,宣笔生产处于停滞阶段;到了元时,由于蒙古贵族对工艺美术的严重破坏,使名扬全国的宣笔生产又遭到一次极大的摧残,再加上当时原料难得,兔毫价钱昂贵,使宣笔处于濒绝的境地。一时的名品,便由此一落千丈。随之长锋羊毫问世,日渐风行,遂而取代宣笔的地位,湖笔便成为当时的佼佼者。

湖笔的发源地,为浙江湖州(今浙江省湖州市)善琏镇,这里元时属于湖州,因而取名为湖笔。善琏镇制笔有着悠久的历史、优良的传统和精湛的技艺,历来被人誉为"毛笔之都"。据《湖州府志》载:"湖州出名笔,工遍海内,制笔者皆湖人,其地名善琏村。"当时农民耕作之余,农闲之时,差不多家家户户都以制笔为职业,男女老少都通达制笔技艺,距今已有一千多年的制笔历史。元时,湖笔在吸收宣笔技艺的基础上,不断加以改进和创新,名声逐渐大震,并有"毛颖之技甲天下"之称,湖州也渐成为当时全国制笔业的中心。

湖笔在我国毛笔的制作技艺上,可为一大流派,区别于其他流派的主要特色是:湖笔分层匀扎,以羊毫、狼毫、紫毫各品纯毫驰名,尤以羊毫最负盛誉。其羊毫原料是采用本地区"嘉兴路"的山羊毛,它不像湖羊毛那样曲而不直,而是色白毛细,锋嫩性柔。这一独特的条件,先天的优越性,为其他地区所不及。明李诩《戒庵漫笔》中说:"造笔羊毫,天下皆出,以嘉兴硖石第一。"湖笔的出名,和地理环境及物质条件实有很大的关系。

湖笔选料严格,制作精细,主要选用山羊腋下毛,所取毫料宜陈宿多晒,除污去垢,才适合作笔用。然后再根据毛料的扁圆、曲直、长短、粗细、有锋无锋等特点,浸在水中一根根地分类、组合。一般生产一支羊毫笔要经过浸、拔、并、梳等近百道工序,可见功夫之细,手续繁杂。羊毫笔并有净、纯、宿之分,净、纯即是指纯正无杂,无其他毫料掺夹在里面;宿是指羊毛经过夜晚露宿,自然脱脂,所制之笔,容易上墨。故羊毫笔杆上,往往刻有"纯"、"净"、"宿"之字样。

元时,湖笔的能工巧匠辈出,多为后人所津津乐道。元初,冯应科是最有名气的湖笔大师,所制之笔与元书法家赵孟頫的字、钱舜举的花鸟画被誉为"吴兴三绝"。《湖州府志》中就有"吴兴冯笔妙无伦,还有能工沈日新"的诗句。冯应科在湖州笔派中树起了很高的旗帜,为人敬仰,以制羊毫笔扬名天下。

湖州制笔除羊毫外,还有狼毫、紫毫各品纯毫驰名,也有以鼬鼠毛作为制笔的原料,所制之笔,深受宫中所喜爱。笔工张进中就是其代表之一。因他与当时名书画家、文人墨客频繁交往,因而他的笔多被带到宫中,引起宫中注意,所制鼬鼠笔,每月送于宫中,并以酒席款待。清阮葵生《茶余客话》中载:"都城耆老,善制笔。管用坚竹,毫用鼬鼠,精锐宜书。吴兴赵子昂、淇上王仲谋、上党宋齐彦皆与之善。尚方有所需,非进中笔不用,进中每月持笔入宫,必蒙赐酒食。"遂驰名于世。另一著名制笔家周伯温,以古遗之法,以黄羊尾毛为原料,制造一种黄羊尾毛笔,为世人称道。清梁同书《笔史》载:"西北之境有羊焉。相传西夏有国时,尝取其尾毫为笔,岁久亡其法,伯温以意命工制之,馆阁诸公多为赋诗,盖色目之好事者。"除上述之外,沈秀荣、潘又新、吴升、姚恺、陆震、杨鼎、沈日新等,均为湖笔中的代表人物。

湖笔笔杆选料,当时也较为讲究。主要是浙西天目山北麓灵峰山下的鸡毛竹,此竹仅高 15 厘米,在竹子王国中可算是"小人国"了,但它节稀竿直,竹竿内空隙较小,极适宜做盛放笔头的孔窠。粗细长短易于选择,是湖笔笔杆的主要原料。

湖笔为我国南方制笔业中的珍品,人们多把湖笔徽墨相提并论,历来脍炙人口,流芳百世。明屠隆《考槃余事》中说:"海内笔工,皆不若湖州之得法。"这充分说明了湖州制笔工人的聪明才智和创造力。湖笔的擅名,也同样注入了历代书家的心血,在善琏镇至今仍留有许多动人的古老传说,晋大书法家王羲之曾结庵于吴兴的善琏镇,教居民仿习制笔的技术。南北朝时的著名书家释智永禅师，曾到善琏镇和笔工共商制笔技艺，有时竟废寝忘食，流连忘返。当年在善琏镇留下的那广为人知的退笔冢，也正是他刻苦进行书法创作和改进毛笔制作的一个有力的明证。

元朝整个历史不长，仅百年，而湖笔以其独具的特点名扬书坛，被视为笔中之珍品，比宋时羊毫笔的生产，无论在数量上还是质量上都有大的进展。在使用范围上，湖笔中以羊毫笔为其代表，在当时已成为普遍应用的一种书写工具，可以说元朝是软毫笔兴起的一个最佳时期，为清时盛行羊毫笔书写开辟了一条通途。

元时的书法艺术，以赵孟頫为其代表，开创一代雅媚秀润之风。所书字体圆转秀丽，冠绝古今，人称"赵体"，但仍不免有柔弱乏力之说。鲜于枢所书字体点画，皆有意态，奇趣横生，当时与赵孟頫齐名，并称"二雄"。康里巎巎所书行、草书体，笔画遒媚，大有二王笔意，名重一时。可见元时书风与当时书写工具——湖笔的普及等都有着不可分割的联系。

元时，除湖笔擅名外，湘笔则是一支异军突起的流派。在制作技艺上，可与湖笔分庭抗礼。湖笔制作分层匀扎，湘笔则不分层，进行杂扎，以产地湖南长沙而得名。江西、西南各省以至四川都属此派，为我国南方制笔业中一大品类，主要行销于中南和西南各省。湘笔尤以兼毫、水笔著称。兼毫笔是两种毫毛兼制而成的笔，自古有之。水笔属小楷笔的一种，使用较为广泛，使用时，笔头全开，用后套以铜制的笔帽（笔套），套内稍藏一些水分，以养毫锋，这样套内湿润而不易干燥，经久耐用，故称水笔。它的制作，稍与其他制法不同，笔心均以短狼毫掺以白麻皮纤维制作，被则以兔毫覆盖，也有以色彩染成绿色或红色的。笔心掺麻,以利于多蓄水分,这就是水笔的显著特点和区别于他笔的唯一标志。水笔易于保藏,便于使用,加之价格便宜,故流行较为广泛。

八、明代制笔技艺的外传

明朝前期,我国在世界上可算一个较为富强的国家,许多外国的使臣、商人,经常来我国访问、贸易,进一步加强了同海内外各国的联系,有力地促进了物质的交流和文化事业的传播。特别是明朝中后期手工业的迅猛发展,超过了前代的水平,出现了丝织品中心、制陶业中心等,同时也促进了当时制笔业的发展。大约在明末,全国制笔的中心湖州,造笔技艺开始向外地传授,使湖笔在许多地方安家落户。

湖笔的制作,在技艺上产生了一个新的飞跃,其笔头的选料,除采用传统的羊毫、狼毫、紫毫外,另有以貂毫、猪毫等作为制笔原料的。随着笔艺的外传,所用原料多带有浓厚的地方色彩。明屠隆《考槃余事》中载:"广东番禺诸郡,多以青羊毛为之,以雉尾或鸡、鸭毛为盖,五色可观。或用丰狐毛、鼠须、虎毛、羊毛、麝毛、鹿毛、羊须、胎发、猪鬃、猩毛造者,然皆不若兔毫为佳。"在笔杆的选材上,既有朴实轻便的竹质笔杆,又有名贵的檀木、花梨木的木质笔杆,还有崇尚奢华的金、银、玉石、象牙、玳瑁、瓷管等精致的高级珍贵笔杆。在笔杆的装饰上,有雕刻、镶嵌、绘彩等艺术加工,已成为极精致的欣赏品。这样一来,较为名贵的毛笔便逐渐脱离实用价值,多具有欣赏、研究价值。这种以制笔为工艺的风气从唐沿袭而来,到明时有过之而无不及。现北京故宫博物院仍藏有多种笔杆华丽的毛笔,明代龟甲镶铜环镀金杆紫毫笔,就是一明证。

明时毛笔的选用,一改元时的软散之习尚,硬毫笔又成为当时的宠儿。软毫笔处于极度低潮之中。毛笔的制作,在总结前人经验的基础上,笔头趋向浑圆饱满,弹性适度,总之必须具有"四德"之标准,才可称得上佳笔妙锋。明陈继儒《妮古录》中记述:"笔有四德:锐、齐、圆、健。"锐即尖,是指笔头聚拢时,锋颖尖锐,形如锥状,尖而无虚毫;齐,是指笔头修削整齐,笔头散开压扁后,毛如刀切,呈齐头扁刷状;圆,即笔头四面丰硕圆满,笔肚不空,周身无有凹凸之处,行笔绝无偏侧阴阳;健,即劲健有力,富有弹性,按之即伏,收之既起,自然成锋,呈尖锥形状。其"四德"尤以圆、健最为重要。明屠隆《考槃余事》中有较为详细的注释,制笔之法"以尖、齐、圆、健为四德。毫坚则尖,毫多则色紫而齐,用茼贴衬得法,则毫束而圆"。当时的毛笔尤以毫丰圆润、锋如笋尖状的笋尖笔较受人们欢迎。明屠隆《考槃余事》中对此笔予以赞颂:"旧制笔头,式如笋尖,最佳。后变为细腰葫芦样,初写似细,宜作小书,用后腰散,便成水笔,即为旧物矣。"当时笔工臧晋叔首创以紫貂毫毛作为制笔原料,所制之笔圆饱劲健,却有肥笨之感,用者甚少;吉水(今江西吉水县)笔工郑伯清则以猪鬃制笔,其心则长,劲健有力,颇受人喜爱。但此时的笔还是以羊毫、狼毫、紫毫为原料的较多。在笔的形制上明时已制作出适合写大字书体的斗笔、管笔、揸笔等,从而更进一步丰富了笔的品类。当时书家用笔较多为硬毫笔,几乎无有用羊毫笔书写。羊毫笔渐衰,并沦落到装裱字画或作为涂抹糨糊的排刷工具,此风从明朝一直延续到清初。

明时制笔的技艺，得到进一步的完善。制笔名匠，不乏其人。明初，笔工陆文宝被誉为制笔良工（因陆文宝历经元明两代，故有称为元代笔工，亦有称明代笔工）。对其制笔技艺，明书家曾棨写有一首《赠笔工陆继翁》诗，给予热情赞誉："吴兴笔工陆文宝，制笔不与常人同。自然人手超神妙，所以举世称良工。"其子陆继翁，大有继往开来之势，诗中接着写道："惜哉文宝久已死，尚有家法传继翁。"字里行间流露出对笔工高超技艺的赞颂和笔工之死的痛惜以及对其制笔技艺有传人的欣慰之情，其影响可见一斑。载入著录的制笔名匠施阿牛，精制笔翰，多作为贡品，进御皇室内府，被达官贵人、骚人墨客供为案头清玩，笔杆上常细刻小小标记"笔匠施阿牛"。据说，孝宗帝见到其笔，鄙弃其名，易名为"施文用"。明李诩《戒庵漫记》中有其记载：制笔名手张文宝所制之笔，为当时名士所欣赏。据说当时著名诗人、书家解缙作书写字，必得文宝所制颖笔，否则难得佳书。他还欣然为文宝所制之笔题铭。与张文宝同有名声的制笔名手还有王古用、王生等。南方制笔名匠中，尤以张文贵名字显赫，善制画笔。明屠隆《考槃余事》中说："画笔以杭之张文贵为首称。而张亦不妄传人。"所开笔店，也早已查不到遗址了。湖州笔派尚有张天锡、刘文节、傅子封、许颖等，均有声誉于当时。

大约在明末清初时，吴兴笔工大量流向浙江、江苏、安徽、中原等地，湖笔制作技艺由封闭型走向开放型，开始向外地传授，师徒承袭，继往开来，湖笔便声震海内，成为当时全国的名笔，与宣纸、徽墨、端砚一起，被誉为全国的文房四宝，从此有口皆碑，至今不衰。另一大流派京笔的发展，也不甘落后，当时能与湖笔相互媲美。

明永乐年间京笔是北方异军突起的另一毛笔名品，并以独特的风格著称当时，与湖笔南北呼应，相映生辉，故有"南有湖笔，北有京笔"之论。京笔以产于毛笔圣地衡水的"衡水毛笔"为主要代表。

京笔的历史，传说更为久远。秦时大将蒙恬监造长城时，曾暂住侯店，因无笔书写家书，只好割马尾毛制笔，用后将笔送给当地人。后来，衡水侯店人便仿制出蒙恬笔，并取名蒙笔。每年农历三月初三，当地的笔工艺人们像过春节一样热闹至极，放花炮，摆宴席，欢聚一堂，以纪念毛笔创始人蒙恬。据有关文献记载：三月初三是蒙恬始以"兔毫竹管为笔"的时间。衡水毛笔的取料，主要受自然条件的限制，多以黄鼠狼尾毫、香狐尾毫为主，另以南山羊毛、羊须、白马尾、牛耳毛等多种弹、韧性较强的动物毫毛为原料，少有制作。笔杆多采用我国南方的罗汉竹、凤眼竹、湘妃竹制作。所制之笔，锋长杆硬，易于执着，坚韧适度，含墨量大而不滴，行墨流畅而不滞，且经久耐用。到清时，极受朝廷、官吏和文人学士所赏识，并奉为御用之笔。衡水毛笔饮誉京华，为北方笔中之精品。

明时是制笔较为繁荣的时期。由于当时注重对海内外各国的贸易和文化联系及交流，日本、朝鲜的毛笔也随之输入我国，并引起当时书画家的极大兴趣。清刘献廷《广阳杂记》中记述："允明自跋小楷佳绝。跋云：'东国纸，此佳品，其笔亦甚好，予有而失之。使用此写，不啻尚可观也。两美难合，《骚》中语亦世事人情。"祝允明跋中的东国，即指日本，对从日本输入的精纸良笔，给予很高的评价。朝鲜狼毫笔，唐时曾输入我国，到明时仍在继续，明屠隆《考槃余事》中记载："朝鲜有狼毫笔亦佳，近日所制尤绝妙。"这一真实的历史记录，也充分说明当时朝鲜制笔技艺的高超和精良,并对我国书画家有很大的吸引力。从唐至明毛笔竟源源不断地输入和输出,体现了中朝、中日两国的文化交流及友谊有着悠久的历史。

明时由于统治者的倡导、偏爱,习文之风甚盛。明成祖朱棣爱好书法;仁宗爱学《兰亭序》,宣宗爱写草书;孝宗尤喜习墨字;神宗更甚,十几岁就会写字,常把晋王献之的《鸭头丸》、宋米芾的《文赋》等名家墨迹带在身边,以便随时取用临习。这样对书写工具——笔的制作技艺的提高,起了很大的促进作用,从这里也可看出明代制笔业繁荣的一个重要侧面。但从另一方面来看,由于皇帝一人的提倡,字要求写得大小一律,乌黑光洁,使之千人一面,拘谨刻板,自然形成一种庸俗的馆阁体,形成书法的一大厄运,致使明时没有多少出类拔萃的书家涌现。

明时,出现了较为详尽的记录文房器具、文房清玩的著作。屠隆《考槃余事》一书,则是对文房器具最详细记叙的专著。此书共四卷,第一卷记述书版、碑帖;第二卷评论书画琴纸;在三、四卷中,则多介绍笔砚的详细内容及一切器用及服饰之类。为后者研究、考订文房器具的发展情况等,提供了丰富的史料和较多的依据。

九、清代制笔的特点

到了清代,统治者为了巩固封建统治,逐步调整统治政策,特别是清初年,废除了匠籍,结束了工匠的服役制度,使工匠摆脱了身上的枷锁,能有更多的时间,自由地进行自我生产,这样更进一步促进了手工业的发展。制笔业在这种形势下,比起明时更加发达,并伴随着湖笔技艺的外传日益兴旺。以湖州为生产基点,分行于东西南北各地,在苏州、上海等地陆续出现了制笔作坊、工场,各以独具的地方特色争奇斗艳。

清初,占有习惯势力的硬毫笔极为盛行,仍被视为正宗,而且在笔管的制作上,仍继承明时以名贵为上的原则,制作出许多具有欣赏价值的高级毛笔。清初各式毛笔中羊毫毛笔仍处于次要地位,多为民间家贫之人的书写工具。清王士禛《香祖笔记》载:"今吴兴兔毫佳者值百钱,羊毫仅二十分之一,贫士多用之,然柔而无锋。"从此可以看出,清初羊毫笔制作的技艺欠佳。但到了嘉庆、道光年间,由于梁同书、康有为、邓石如、包世臣、何绍基等当时书法名家的极力倡导,羊毫笔渐渐再度兴起,并逐步盛行于世。由于羊毫笔价廉易得,大抵五支羊毫笔之价抵上一支紫毫笔,使用起来随意自由,锋颖圆韧耐用,一支羊毫笔的使用时间十几倍于紫毫笔。随着制作技艺的提高,更是软硬得宜,为人喜爱。因此用硬毫笔写字的人就越来越少了,硬毫笔渐趋衰微,羊毫笔的使用已成为当时较为通行的书写工具。清胡朴安《朴学斋丛刊》中载:"惟羊毫为今通行之品。其始因岭南无兔,多以青羊毫为笔。嗣以圆转如意,于今不绝……今则用羊毫者日益多,取其柔软而经久。"清包世臣《艺舟双楫》中记载:"壬戌秋,晤阳湖(江苏阳湖)钱伯坰鲁斯,鲁斯书名籍甚,尝语余曰:'古人用兔毫,故书有中线;今用羊毫,其精者乃成双钩。'"用羊毫书写,笔画两旁皆聚墨成线如界,犹如双钩,别具一格,深得当时书家所好。

清时,也间或有以鸡毫作为制笔原料的。鸡毫笔软,一浸墨汁,含水过多,笔腰软弱,无自支之力,无锋可用,只依毫势书写,腻滞难行,故不被人们广泛采用。

清时的制笔业中心仍然是湖州,湖州尤以创建于乾隆六年的王一品笔庄最为著名。湖笔原料除选用邻近嘉兴地所产的山羊毛制柔毫笔外,还有以山(野)兔毛、黄鼠狼尾毛为原料制作的硬毫笔,形成了湖笔的两大品类。所制之笔,用来得心应手,挥洒如意,不仅国内闻名,而且蜚声海外。

随着吴兴笔工的大量外移,湖笔制作技艺传授外地,各地陆续出现湖笔工场,使湖笔在各地生根开花。至今北京的湖笔徽墨店、上海的上海笔墨商店、苏州的苏州湖笔厂所制之笔仍标以"湖笔"。其名工良匠在异地也大显身手。据清包世臣《艺舟双楫》记载,扬州的名工王兴源,原为吴兴善琏镇人,除卖笔外,还向人们传授其制笔技艺:"能手之修笔也,其所去皆毫之曲与扁者,使圆正之毫独出锋到尖,含墨以着纸,故锋皆劲直,其力能顺指以伏纸。"这一佳技传人的坦荡胸怀,传为一时美谈。王兴源和江苏吴县的笔工王永清所制之笔"予先后遍赞于嗜书者,两笔工之名遂甲吴越间"。

这时,衡水侯店所产的毛笔已称雄北方,名震艺林。康熙年间,作为贡品进入宫廷,奉为御用,康熙皇帝倍加赞赏,爱不释手,泼墨挥毫,称心如意,他流传至今的墨迹,多出自侯店毛笔。到了清末光绪年间,侯店村制笔艺人李文魁始在北京开设笔庄,因制笔精良极受宫廷和文人墨客所赏识,光绪皇帝更是推崇备至,不仅自己喜用,而且还降旨当朝官署和部门,一律购用衡水毛笔。光绪对笔工李文魁极为偏爱,在他谢世后,光绪还曾降旨赐给他二蟠龙碑立于墓前,上刻"圣旨"二字。从此,文官过此下轿,武官过此下马。侯店村毛笔也由此更身价百倍,人称"御笔"。这时北京的制笔业以生产狼毫为主,笔形多为柳叶形、竹笋形,逐渐形成了自己独特的风格。

另外,北方制笔匠人李馥斋,闻名于道光年间。他精研古人制笔法,在此基础上又独出心裁,创制出一种卷心笔。写字大小均可,为笔中之佳品。书家顾元熙称此笔:"尖、齐、圆、健,'四德'具备。又能作卷心笔,大可作擘窠书,小可作楷书。"其功能超过一般规范。另外还生产一些常用的紫毫兼羊毫的品种。

清朝初年,江西临川笔工周虎臣所制之笔风行当时。周虎臣开始制笔时规模较小,自产自销。1694年周虎臣后人集资在苏州开设周虎臣笔墨庄,以专门经营笔墨。1862年,周虎臣笔墨庄便扩展到上海开设分店,而后总店也迁至上海,并成为拥有一百多名笔工的当时较大型的制笔工场。子继父业,连续七代,后传至外甥傅洪初手中,继承了店业。周虎臣笔墨庄不仅以选料精严、做工精细而闻名,而且品类繁多,除生产水笔、专用画笔外,还兼制湖笔。

清代制笔良工还有居住京师、以制散笔水笔擅名的孙枝发、刘必通;再如安徽歙县曹素功、安徽绩溪胡开文两家墨庄,也是当时较著名的笔庄,销售遍及全国各地。

羊毫笔的盛行,使清时的书写工具发生了大的变化,经过人们的摸索研制,羊毫笔较历代更加完善。但由于羊毫笔的本身性能所决定(诸如弹力幅度大小等),仍有一定的局限性。清时这一用笔的偏向加之清代馆阁体(馆阁体是一种以统治者的个人爱好为准则的字体,更有甚者写字要模仿皇帝的笔迹)的束缚,致使清代书法走上局促刻板的道路,没有大的造就和突破。到乾嘉以来,金石考据之学大盛,激起人们从古代书法中汲取营养的兴趣,后经阮元、包世臣、康有为等书家的提倡,从较原始的书法艺术中寻求质朴、粗犷的美，以取代当时纤巧、呆板的时弊，兴起了书法史上的一个流派——碑学，给萎靡的书坛送来一股革新的清风。

与前代相比，清时涌现了前所未有的用羊毫笔书写的大师。书家邓石如专用羊毫笔，所写的篆隶，至今仍无人高出一筹。他的学生包世臣更是青出于蓝而胜于蓝，对羊毫笔赞美备至。书家梁同书谈及用上好的宿羊毫蘸新磨墨书写的优越性，更是令人神往。他用羊毫自在地写字，不拘于古人，却有古人骨力，尤以善写大字而广为人知。清末的代表书家何绍基，喜用羊毫笔，并独出匠心地一反包世臣的执笔说法，发明了一种回腕执笔法，强制性地要求自己悬腕作书，这一不合人体生理的方法，常使他身出大汗，却出人意料地收到前所未有的效果。清代的羊毫笔到他手才集大成，开辟了书苑新的天地。晚年何绍基还善用鸡毫笔写字，声誉当时。

近代丁文隽《书法精论》中说："书具之最重要者莫过于笔。"清时在毛笔制作上颇为精细，而在笔的研究上，能自成系统。清书家梁同书专门撰写了《笔史》一书，全册共分"笔之始"、"笔之料"、"笔之制"、"笔之匠"四门，大多选自《经》、《史》、《子》、《集》中的资料以及前人书家等的笔记、杂记、题跋等，通过广搜博集，取精用宏，其内容丰富充实，为今人研究笔的历史、演进、完善等提供了大量的历史资料。清胡朴安的《朴学斋丛刊》中，还有专门记述笔工小传的内容，使一些笔工名匠见于著录之中，流芳后世。

十、解放前后制笔生产的对比

解放前,由于帝国主义的侵略加速了中国封建经济基础的解体,促使大量的手工业者破产。我国的毛笔业也一片凋零,有些名品失传,几乎濒于艺绝人亡的边缘,给我国毛笔业的发展造成了不可弥补的损失。

据载,湖州制笔业鼎盛时期的 1929 年,仅善琏镇就有 300 多户从事毛笔生产。在国民党反动政府的压迫剥削下,这些个体、家庭毛笔生产户的制笔生产每况愈下,极不景气。特别是自来水笔引入我国后,随着它的普及和广泛应用,使当时全国毛笔业处于极度低潮时期,抗日战争爆发后,湖州毛笔业受到极大的影响,寥寥可数的制笔艺人大都迁至苏州避难,只进行小批量的毛笔生产。因远离战区,利于制笔业的发展,又邻近上海,易于远销他地,为湖笔生产仅留一席之地,毛笔业一息尚存。

当时毫料的选用,也有很大的局限性。制作狼毫笔的原料,主要以关外黄鼠狼的尾毫为最。由于日本帝国主义占据东北三省,任意掠夺我国的自然资源,就连唯一的微小的制笔毫料,也不轻易放过,全由日本人统一收购。我国制笔店需要购买黄鼠狼毫料时,必须向日本人开设的洋庄采办,而且质量低劣,价格昂贵。这一无理的控制,使我国毛笔业的发展处于极大艰难之中。

解放后,在党的领导下,人民群众当家做了国家的主人,各行各业出现了欣欣向荣的局面。我国的毛笔业也重新复苏繁荣起来,许多老字号传统产品恢复生产,并有许多时代的新产品问世,使这一传统工艺重新争芳吐艳。

宣笔是我国较为名贵而古老的产品,在唐时就执同业之牛耳。解放后,在人民政府的支持下,在泾县建立了宣笔厂。经多方聘请笔工老艺人,献技亮艺,使这一传统名笔得以复苏,以至大规模生产,彻底改变了以前一家一户的小生产经营方式。泾县宣笔厂最负有盛名,现在所生产的宣笔品种已有 200 多种,年产量 50 万余支。特别是当地书家张洪炉先生,对诸葛氏一姓的制笔工艺进行了认真的研究、发掘整理,使这一传统技艺又获得了新生。在笔厂干部、技术人员和工人的努力下,敢于创新,又生产了大批具有时代特点、艺术风格的高档名笔。仿古瓷管宣笔就是宣笔中的新品。笔杆形状如仿古青瓷花瓶状,笔管长 17 厘米,笔锋长 10 厘米。这种锋颖特长的笔,具有弹性强、吸墨多、易于书写的特点。整支笔制作精巧美观,给人一种古朴、素雅的感觉。据有关材料介绍,此笔的问世,是仿照明代万历青花缠枝龙纹瓷管羊毫斗笔研制的。新颖的设计,别致的造型,具有很高的艺术欣赏价值,令人刮目相看。

同时,该厂还根据书家的建议,大胆创新,反复研制,成功地创造了一种独特的优质笔——莲蓬斗笔。笔杆为红木所制,笔斗牛角质,上凿有十三个小孔,每孔一绺毫料,合成笔身,形同荷藕莲蓬,状如众星拱月。笔毫选用上等的马胎鬃、兔须、羊须、青兔毫为原料。笔端以主毫为锋,强健挺劲;副毫多头,环抱不散;笔锋全长 10.5 厘米左右。这种笔,含墨量大,软硬较为适中,宜书宜画,便于洗涤,更易于书写榜书大字和大篇幅泼墨中国画,堪称制笔史上一大奇迹,也是古今中外绝无仅有的最新产品,深受书画家所喜爱。问世不久,被画家刘海粟大师所赏识,并嘱咐列为刘海粟选毫。

笔厂不仅生产一般的常用毛笔、传统名笔,而且还根据书画家的要求,制作适合他们口味的奇特笔。被人们称为书坛"怪杰"的李骆公先生,曾要求定制一种笔杆是以一只贮藏清水的玻璃长瓶与毛笔头贯通而成的奇笔,书写时,笔画会出现中间墨淡两边墨浓的艺术效果。这是一般毛笔难以达到的。另外,宣笔品种还有以猪鬃为柱、羊毫为被的安吴遗制笔;以玉为管、紫毫特尖制成名贵的玉管宣毫笔;以七根猪鬃配以精选羊毫制作的七根鬃笔;有失传已久、依现存资料设计制作的古法胎毫笔,该笔以嫩羊毫为柱,以婴儿胎发为被,柔软异常,书写起来易于挥洒,淋漓尽致。

泾县宣笔厂的建立,使得笔的生产得以恢复,产量在逐步增多,质量优于以前,品类在不断丰富,并已重新成为书画家们的珍玩。至今,北京荣宝斋、上海朵云轩等书画店均出售宣笔。另外,该笔还出口行销日本及东南亚各国。目前,泾县宣笔厂已成为中国文房四宝协会常务理事单位。

湖笔的生产规模,由过去单独的、零散的家庭手工业或几个人的小作坊,走上联合的道路。湖州地区建有湖州笔店和善琏湖笔厂,善琏附近的社队,也相继建立了湖笔生产单位。据有关材料统计:1977 年,吴兴县从事制笔业人员达到了 1500 多人,年产各种毛笔近 800 万支。这在我国制笔史上可说是空前绝后的,湖州仍不失为我国的湖笔生产中心。1978 年 10 月,吴兴县善琏镇湖笔厂,在首都北京展销 5 万支双羊牌湖笔,规模空前,实属一次湖笔大检阅。参观和选购者接踵而来,踊跃选购,不仅有国内书画界的知名人士,还有日本、东南亚及欧美国家的朋友、外宾,湖笔深得他们的欢迎和赞颂。有的精品成为热门货,很快被抢购一空。

湖笔的新建厂技艺高超,生产湖笔数量质量超前,就连生产湖笔老字号的店庄也焕发了青春。具有 270 多年历史的王一品斋笔庄,恢复并发展了古老的制笔技艺,精制细作,使之重放异彩。1951 年,在浙江省举办的土产交流展览会上,湖州王一品斋笔庄以自己的产品参加陈列展览,以新的面目和广大群众见面,深受欢迎。1961 年,该店举行创店 220 周年纪念活动,董必武、陈毅、郭沫若、何香凝等都题词赋诗,热烈祝贺。湖笔不仅早已闻名国内,而且饮誉海外,日本书法家代表团来我国访问,特意绕道湖州专访"王一品",选购湖笔,带回日本。1978 年,我国经济代表团访问日本时,曾以"王一品"精品湖笔作为礼品赠送给日本友人。2000 年,"王一品"被中国文房四宝协会评为"国之宝"著名品牌;2004 年,被浙江省人民政府认定为省名牌及省知名商号。

湖笔以柔软的羊毫制笔最为著名,同时还兼以生产紫毫笔、狼毫笔,以及羊毫和狼毫、羊毫和紫毫相配制成的兼毫笔。各类品笔一般都根据笔型、毫料的特点题以名称,引人遐想。羊毫精品玉兰蕊,洁白娇柔,笔型圆润,似含苞待放的玉兰,真可谓名副其实,给人以秀美的感觉。另有著名产品玉笋、玉亭散卓等。今天,湖笔产品种类可分到 280 种,其品种在毛笔类中首屈一指,名列前茅。狼毫笔的生产,主要原料为关外的黄鼠狼尾毫,最合实用,故有"正冬北狼毫"之称,其笔杆上,常标明"北狼毫"字样,以表明此笔的狼毫来自关外,劲健而名贵。紫毫笔,多是取山(野)兔脊上一小撮弹性最强的毛,以此毫制成的笔,为笔中最坚硬的一种,传统产品有大卷笔、纯紫毫铁钩银画等。鉴于紫毫笔易秃废不耐用的弱点,和羊毫相配制成的兼毫笔便取而代之,应用较为广泛,传统产品有五紫五羊、七紫三羊、二紫八羊、三紫七羊等。人们在此基础上又不断总结经验,积极创新,使兼毫笔的生产有了新发展。目前较为通行的一种以狼毫为心、羊毫为被的白云笔,就属于兼毫笔一类,宜书宜画,大、中、小皆备,深受人们欢迎(如图6,善琏湖笔厂生产的湖笔)。

图6 湖笔

湖笔名称繁多,有的朴雅动听,有的耐人寻味,有的寓意深远。鲁迅曾称湖笔为"金不换",可见偏爱至极;有为纪念蒙恬笔祖的蒙笔生花笔;有以郭沫若同志的字命名为鼎堂遗爱笔;有为纪念日中友好而命名的碧韵笔等。这些笔名,反映了时代精神、民族特色,与精美的湖笔相得益彰,相互媲美。如今坐落在北京琉璃厂著名的戴月轩湖笔店,不失为见证湖笔兴盛的一家百年名店。

解放后,北方毛笔业发展迅速,出现了大型的制笔工厂。北京名工李福寿以及他领导的生产小组和其他笔社合并成立了北京制笔厂,该厂在生产传统产品的基础上,又适应时代发展的要求,制造出独特艺术风格的毛笔新品类。如研制生产的适用于写大字的抓笔、兼宗提笔两种笔,提而不散,铺下不软,刚柔兼得,适手易写,深受书家好评。高级毛笔的生产也以独特的风貌标榜于世。最近生产的一支锦上绮霞笔,笔头采用黄鼠狼尾毛,而且每根毛必须长达9.2厘米,这样苛刻的条件,在长达三年时间内才从几十万只黄鼠狼尾中选了十只,以提取制笔毫料,笔杆、笔斗、笔帽均用象牙制作。据说此笔价值在八千元以上,真可谓笔中之珍,充分显示了北方制笔技艺的高超和独特风格。1978年,全国首次毛笔质量评比会在北京召开,全国14家重点毛笔厂参加评比。单品种质量评比,北京制笔厂生产的"大红毛"取得第一名。该厂生产的高档书画笔,1980年和1986年两次被评为轻工部优质产品。目前,坐落在北京东琉璃厂的北京制笔厂已生产毛笔品种300多种,年产量100万支。2001年制笔厂更名为北京李福寿笔业有限公司,其下属企业文房四宝堂,就是专门生产毛笔的厂家,不仅生产"北狼",还兼生产"南羊"。

早已以制笔著名北方的河北衡水侯店村,解放后,由过去的小手工作坊、工场,扩建成具有一定规模的侯店毛笔厂,上世纪90年代已拥有职工300多人,生产毛笔270多个新品种,年产量已达300万支。这个厂在继承传统制笔工艺的基础上,推陈出新,精工制作,花样不断翻新。在笔杆的制作上,除选用传统的竹质笔杆外,在装口和封顶上多镶嵌牙、骨、竹、木质料的雕饰物,使其显得精巧雅致。特别是衡水市工艺雕刻厂以红木、黄杨木、象牙等材料制作的笔杆,采用我国传统的平雕、浮雕技法,在其上雕刻"二龙戏珠"、"龙戏凤"等民族特色风格的图案,还有的雕刻着"牛郎织女"、"穆桂英挂帅"等古装人物和山水草木图画及名人诗句等,精细入微,造型逼真,给人一种美的艺术享受,为书画家所喜爱。其笔头多用精选的黄鼠狼尾毫,南山羊毛等弹性较强的毫毛为其原料。在制作上从选毫到成笔,历经300多个工序,整个流程全部执行严格的检验验收制度,其不同规格的毛笔具有杆硬适手易执,锋长刚柔相济,吸墨含量大而不滴,书写流畅快意的优点。到2000年前后,侯店毛笔已远销日本、欧洲、东南亚等11个国家和地区,年出口量达300多万支。

山东掖县毛笔厂是掖县苗家镇的镇办小厂,制笔已有300

多年的历史(始于清康熙年间),他们在传统的制笔基础上,广泛吸收各家之长,渗透融合在一起,形成自家的独特风格。毫料选用多以东北狼尾毫和南方以食桑叶的白羊毫为主,也不乏鸡毫、獾毫、豹毫等多种原料。所制之笔以泰岱翠峰笔、豹狼毫较为名贵。上世纪80年代,掖县毛笔业进入辉煌时期,毛笔厂年产可达150万支,其中60万支出口香港、日本、东南亚等地区和国家。1982年全国第二次毛笔质量评比中,掖县毛笔荣获总分最高分,被誉为状元笔。20世纪末的几年间,由于市场经济的制约,笔厂曾一度衰落。2005年,由于其制笔工艺被列入烟台市非物质文化遗产名录,制笔业涅槃重生,作为北派代表的掖县制笔厂(现改为莱州市笔厂)前景一片光明。

现代较著名的笔工,是上海制笔技工杨振华。其家三代均以制笔为业,30岁时和爱人严再林赴沪制笔开设杨振华笔庄,所制之笔,继承了湖笔之长,发展了湖笔之特色,制作用料、制作技艺均以精细著称。并能根据书画家的要求,制作特技笔,如张大千选用笔、沈尹默选颖、小精工等名笔,深得画家张大千、沈尹默等的推崇。另外,还用一种白马毫制作的大联笔,比一般羊毫劲健适用;豹狼毫合制而成的兼毫笔,挺拔劲健,为人称道。杨振华所制之笔,不仅驰名国内,而且声震国外。

上世纪70年代末,我国制笔业又在制作特大笔方面迈出了惊人的步伐,因该笔较大,人称"笔王"。1979年,天津市畜产品进出口公司尾毛加工厂制成我国当时最大的毛笔,全长157厘米,笔毫长20厘米,笔碗直径14厘米,笔重5公斤,吸墨后重6公斤。为庆祝建国三十周年,北京书法家杨萱庭曾挥动这支毛笔写下"祖国万岁"的巨幅。1982年,杨萱庭在济南举办书法展览时,又用同样大的笔书写了高达4米的大字"鳌",风韵独具,风骨神奇,技惊泉城。

1982 年,北京制笔厂多名技艺精湛的老艺人,花费数月时间,齐心合力,精心制作而成一支"巨笔",全长 275 厘米。笔杆长 200 厘米,用优质椴木制成,笔头外露部分 53 厘米,为东北马的马尾制成。此笔净重 23 公斤,一次可含墨 4 公斤,此笔如此之大,被命名为经天纬地笔,这充分体现了我国首都制笔的精湛技艺和特点。

山东掖县制笔厂,现有一支大笔,总长 225 厘米,笔碗直径 27 厘米,笔毛外露部分为 60 厘米,重达 21 公斤,故名"气盖九天",据说至今还没有敢试此笔的。

1987 年 6 月,河北衡水侯店毛笔厂设计了一支我国目前最大的名为"巨锋"的抓笔。这支笔由笔头、笔口、笔把、笔顶四部分组成,笔顶、笔口为硬质红木制作,笔杆是无缝电镀钢管,其间用螺丝衔接而成,可随意拆卸,易于携带,笔头由 40 匹马的尾毛做成。这一创举开创了我国制笔史上的新篇章,为笔杆的选料又开拓了新的路子。该笔总长 3 米,重达 37.5 公斤,饱蘸浓墨后可达 62.5 公斤,可书写 4 米见方的大字。

上世纪 80 年代初,台湾省台北市嘉义县的刘建灵进行一次特大毛笔表演,笔全长 264 厘米,笔杆长 212 厘米,笔毛外露部分为 52 厘米,净重 30 公斤,饱蘸浓墨后,重量超过 40 公斤。1987 年初,在台湾彰化县文化中心大厅表演的一支特大笔,重 100 公斤,长达 400 厘米,由三人扛出,饱蘸墨后,由两人合力抱着毛笔,在一块长宽 20 米的红布上来回拖扯,上下摇曳,片刻便书写成一个遒劲的"龙"字,使数百名围观民众大饱眼福。这支巨笔从长度和重量上来讲,实属罕见,可说是目前世界上最大的毛笔。由此,我国台湾省的制笔业也可略见一斑。

　　随着我国制笔业的发展,制笔工人和笔厂科技人员的技艺远远超过历代的笔工,在继承古代制笔的优良传统基础上不拘泥于古人,推陈出新,所制作的毛笔具有强烈的时代风格和地方特色,新的产品不断问世,制笔业蓬勃兴旺,推动了当今书法事业的腾飞。

第二章　墨

　　墨为文房四宝之一,和笔一样都有着悠久的历史。在我国传统的书法艺术中,素重笔墨技巧,用笔之外,墨的运用就占有极为重要的位置。墨分色墨和彩墨两大类。色和彩原是两个截然不同的概念,古时人们把黑、白称为色,而把朱、紫、橙、蓝、绿等称为彩,故色墨为黑墨,彩墨为朱墨以及其他色彩的墨。

一、墨的传说及始用

　　我国墨的发明年代,差不多和笔同时。墨是绘画、书法必备之染料,笔是绘画、书法之工具,历来人们把笔墨相提并论。古时墨的使用,是取之自然中的黑色土石而为之。近代丁文隽《书法精论》中说:"墨字从黑从土,是古代之墨当为土石之色黑者,用以作书,易于辨识耳。"可见在古代,我们的祖先对色石、土的特点及作用就有了充分认识。

明代徐炬《事物原始》中曾引用东汉和帝时兰台令史李尤的说法，认为墨的创始年代始于黄帝。"书契既造，研墨乃陈。烟石附笔，以流以申。篇籍永垂，行志功勋。"黄帝历来被学者认为是华夏始祖，文化制度常常推源到黄帝。由此看来，墨始于黄帝的说法，并不符合史实。但这种说法却流行很久。

墨究竟起源于何时，至今还不能准确地断定。根据我国出土文物的不断发掘、研究、考证，早在新石器时代，墨色就广泛用于当时新兴手工业的制陶工艺上。1952 年在陕西西安发现的半坡遗址中，发掘出许多陶器，在不少陶器上面，黑白色彩分明，有的以红色涂染，并饰有各种花纹图案，美不胜收，这些陶器既是人们日常生活中用的器皿，也是原始的工艺美术品。可见墨色在当时的广泛应用。

1931 年，在山东济南龙山镇城子崖的新石器时代遗址中，发现了纯黑色陶器，薄如蛋壳，乌黑富有光泽。郭沫若《中国史稿》中说，由于在烧成晚期封窑严密，用烟熏法进行渗碳的结果，烧出的陶器呈乌黑色。可见这时的墨色有别于传说中的色石染料，明显的是将炭黑用于涂染及书写。

在新石器时代，炭黑已直接作为写画的颜料。1982 年在甘肃省秦安县大地湾进行考古研究时，在一座房址的室内出现一罕见的地面绘画，长宽 1 米有余。画面上方呈有男女两人形状，下方有一长形方框，内画似两个动物。经有关研究人员确定，画面上的线条均是用炭黑作颜料绘制的。这一发现为研究墨的使用提供了第一手材料。

原始社会结束后，我国便进入奴隶制社会夏朝。当时墨的应用，多为制作祭器的颜料。《韩非子·十过》中有"禹作为祭器，墨染其外，而朱画书其内"的记载。

到了商代,墨不但多应用于文字书写,而且朱墨在文字中也得以应用。董作宾《甲骨文断代研究例》中记载,他在殷墟发掘出土的骨版中,曾在三块骨版上偶然发现了几个残破的毛笔书写的字,墨迹仍存。陈梦家《殷墟卜辞综述》中说:"在甲骨上用笔书写朱书或墨书。"这一记载不光说明了当时墨的使用,而且还为当时朱墨的开始使用提供了有力的证据。朱墨多是涂或写在甲骨上,使所刻文字清晰。早在1927年,美国人曾怀疑甲骨文上的朱墨痕迹,认为奴隶社会时期的中国人不会发明朱墨,可能是用奴隶的鲜血书写的。为此作了颜料的微量化学分析。化验证明:甲骨文凡为红色的均为朱砂,黑色是碳素单质(现在为做墨的原料)。这充分说明在殷代,人们已广泛用墨书写文字,并用朱墨书写或装饰文字了。在商代遗物中,还曾发现有磨细后当墨使用的木炭。

从以上可以看出,我们的祖先最早用的墨,都是从天然的矿物、植物中得来的,属于单质的墨,故久不变质。因此古代遗物中年代久远的墨色仍清晰可辨。

二、周代的天然墨和人造墨

西周是天然墨和人造墨并用的时期。墨的使用多见于文字著录中。《周礼》中载:"漆车藩蔽。"注:"漆车黑车也。"又载:"大夫乘墨车。"《释名》:"墨车漆之正黑,无文饰,大夫所乘也。"

西周时还有了人造墨。在徽墨的主要产地歙县一带广为流传这样一个故事：一天，刑夷在小溪边洗手，随便把漂浮在水面的一块松木炭拿在手里玩弄，不料染黑了手指，他便带回家中，捣碎用水和之，松散不成形状，又取粥拌和，竟黏在一起，他惊喜地用手捏成扁形或圆形的墨块，效果很好。从此，有形的墨块便流传开来。传说毕竟是传说，至今无实物可见，难以定论，但古籍中多有刑夷造墨的记载。

《述古书法纂》中载，早在西周的周宣王时，"刑夷始制墨，字从黑土，煤烟所成，土之类也"。明代罗颀在《物原》中说："刑夷作松烟墨"，"奚廷珪作油烟墨"。这是我国古代关于人造墨的最早记录。前者说刑夷造墨，是以煤烟所制。后者说"刑夷作松烟墨"，是用松枝烧成烟灰后制作的墨，这和传说中的制墨法相一致，和前者说法却大有分歧。笔者认为，是否可以这样理解：刑夷开始用煤烟制墨，后改变旧法，用松烟作墨，其质量墨色较前者为佳。从周时用墨的广泛性和晚周时帛画上的墨色来看，质量比以往大有提高。

西周时，墨的制作有了新的发展，使用较为普遍，当时除用以书写文字外，还广泛用于社会生活中。西周初，我国出现了最早的竹、木简书，其字迹均用笔墨书写而成，东汉王充《论衡》中说截竹为简，破以为牒，加笔、墨之迹，乃成文字。西周时，墨还被用于当时的刑律，称为墨刑，列为五刑之一。古代历史文献的汇编《尚书》中《舜典》篇中记载："……五刑有服。"所谓五刑即：墨、劓、剕、宫、大辟。墨刑是最普遍的常用刑罚，《伊训》篇中有"臣下不匡，其刑墨"的记载。对于墨刑，《周礼》中有注释：墨刑，又叫黥刑。据史家考证，就是在俘虏或罪犯的面额等处，用刀刺刻后，涂上墨色（也称为黥），以此作为一种标记，其痕迹终生不褪。后来又施用于军队中，以防逃兵。

墨还广泛地应用于社会生活中。《尚书》中说:"惟木从绳则正。"《礼记》中载:"绳墨诚陈,不可欺以曲直。"这两书的记载,间接地反映了一个史实:墨在古代建筑方面起到了重要作用。战国末期,墨仍然在木工中施用,爱国诗人屈原《离骚》诗中曾有"背绳墨以追曲兮,竟周容以为度"的诗句。

另《战国策》中有把墨用以画眉的记载:"郑周之女,粉白黛黑,非知而见之者以为神。"黛是一种青黑色的染料,可能就是一种天然石墨,古代妇女把它当作画眉的颜料,可见墨的应用无处不有。

战国时,不光已有舐笔和墨,而且已开用墨在帛上书写、绘画的先例。明罗颀《物原》中说:"刑夷作墨,史籀始墨书于帛。"这该是见于著录中书家用墨在帛上书写的早期记载。近几十年来相继发现了战国时以墨在帛上写字绘画的实物例证。1942年9月在湖南长沙东郊子弹库的纸源冲(又名王家祖山)战国楚墓里出土的战国缯书(即帛书,或称楚缯)上,有毛笔墨书600多字,但多不可识,还有彩色绘画。这件距今约两千多年的文物,是现存最早的帛写书,但于1946年被美国人柯克思从上海诬骗掠夺到美国,现秘藏于耶鲁大学图书馆。

随着我国考古的不断发现,周时墨的形成、研制、演变有了越来越确切的证据。1978年下半年,在湖北省随县擂鼓墩曾侯乙墓出土的200多支竹简,简上约6600字,全是用墨书写的。据考证,这批竹简为春秋末年或战国早期的遗物,距今2400多年。截至目前,这批竹简可算是我国现存最早的竹简书,对研究我国先秦文化史、文字史以及墨的发展史等方面,都有着重要的意义和价值。1954年在湖南长沙杨家湾战国墓葬里,出土了一批墨书文字的竹简,同时发现的一只竹筐内盛放着满满的黑色泥块。据研究分析,这就是当时用于书写的墨。

朱墨和黑墨犹如一对孪生兄弟,形影不离。在这时期,仍被人们共用于书写领域。1965 年,在山西省侯马晋国遗址上出土了 5000 多件玉、石片,其上多写有毛笔字,有的呈红色,有的呈黑色,已有 600 余件可以认读。这些珍贵的历史文物,见证了朱墨、黑墨在书写领域中的作用。

根据春秋、战国时帛书、帛画上的墨色和竹简上清晰可辨的墨迹以及文字记载来看,周时的制墨水平已相当高超,在使用天然墨的基础上向前迈了一步。从这里也可以看出我国墨的一个显著特点:质量的佳绝。墨的色泽,历经千年不褪,就是现代用科学方法制作的漂白剂也难以漂去。

松烟墨大约在战国末期问世,但仍属于没有形制的墨块。墨块是以碳素单质(烟、煤)与胶(或传说中的粥)相调和加工制作的,由于墨着水易溶解,经不起地下长期埋葬,而胶或粥往往在受潮后会失去黏合性能,天长日久,墨也就自行损坏,因此很难见到周以前的墨块实物。

三、秦汉人造墨的实物发现

1975 年 12 月,在湖北省云梦县睡虎地 4 号秦墓里,发现了一块圆柱形墨块,该墨直径 2.1 厘米,长 1.2 厘米。这是现在发现和已知的最早的体积最大的烟墨实物。这一发现,打破了以往所考证的我国人工制造的烟墨始于汉代的传统说法,从此有了更新更确凿的科学结论：我国人造墨的历史要上推到秦时或秦以前的时期。

这时墨的形体，还没有用模型固定成一定的形制，只做成或信手捏成小圆块状，因此无法用手拿着去研磨，必须以研石压着去研，这种推论正和同时从墓中出土的带有磨墨石的石砚完全吻合。这时墨在质量上有所提高，并达到相当高的水平。从秦墓中出土的墨块来看，至今虽有2100多年，墨色依然如漆，泛有紫色光泽，仍能研用书写，可见墨质之佳。无怪乎发现此墨的消息一经传出，国外几家公司竟相购买生产这种古墨的专利，以独揽生产经营这种古墨的权利。

墨在汉代已有一定规模的生产。汉初时，人们还不乏以木炭磨碎后当作墨来进行文字书写的事情，这为后来出土的实物所证明。1927年，我国西北考察团在发现居延笔的地方，还发现了一些木炭，经考证，这就是古人用以磨墨进行书写的墨块。这时的人造墨仍沿袭秦时的制作方法，没有什么固定的形制。1975年上半年，在湖北江陵楚故都纪南城内凤凰山168号西汉墓中，发现了许多大小不等的碎墨块，其中有两块稍大一些的，可以拼合起来，但仍很难看出形体。经有关人员研究，这和秦墓中出土的墨一样，都属于早期的烟子墨，没有制成墨锭，仍用研石压住研磨使用。清代学者桂馥在《说文解字义证》中说："汉以后，松烟、桐煤既盛，故石墨遂埋废。"文中所说的烟子制墨和秦墓出土的墨块相合。

东汉时，墨的制法有了较大的进步，较为规则的墨锭，已供人们用手直接拿着研磨了。成形的墨锭问世既方便了磨墨，又精减了文具中的累赘，从此，砚的附件研石就销声匿迹了。所以从东汉以后的墓葬中出土的文物来看，只有石砚而没有研石了。

图7　东汉残墨

近年来,在河南陕县刘家渠东汉墓中出土的五锭残墨,其中三锭由于地下潮湿、年长日久而变成粉土,另两锭尚保存部分残体(如图7)。据有关人员细察鉴定,其墨质坚实细腻,为松烟所制,外皮层皱纹清晰,纯属墨模压制而成。这一发现,在我国制墨史上有着重大的意义。

汉时的主要产墨区,多集中在扶风(今陕西凤翔)、隃麋(今陕西千阳县东)、延州(今陕西延安)等地,其中尤以隃麋为最。当时该地区生长着大片大片的松林,茂密繁多,人们盛行烧松枝取烟作为制墨的主要原料,然后添上其他药料加工制墨。从此,隃麋以造佳墨著称于世。后来"隃麋"也成为墨的代称。后世制墨的人也都以"隃麋"命名,来表示墨的质量精良,技艺绝佳。当时,隃麋墨成为官府中不可缺少的必备之物,宫廷中特意设置了掌管笔、墨、纸以及封泥的专职官员,《后汉书·百官志》中有详细的记载。据说掌管此物的人员,将笔、墨、纸等按月发给官吏们使用。蔡质《汉官典仪》中说:"尚书令仆丞郎,月赐隃麋大墨一枚,小墨一枚。"除此,当时还有一种特制的香墨问世,可能是掺上香料所致。《东宫旧事》中记载:"皇太子初拜,给香墨四丸。"当时制作的这种香墨为何质地,尚无实物可查,但足见当时制墨技艺已达到一定的水平。东汉人赵壹的书法理论专著《非草书》中就有"十日一笔,月数丸墨,领袖如皂,唇齿常黑"的语句,虽是极力讽刺当时那些不顾国事的迂腐儒生之辞,却是用墨的记载。从以上我们显而易见地看出,汉时制墨已有了相当的规模。它不光在墨的形制上有了一大飞跃,而且在规格上也有大小之变化,并始以枚、丸作为墨的计量单位。

汉末,还有用"石墨"当作墨来使用的,这种"石墨"既可用作书写,也可燃烧。其实"石墨"即是煤。在我国古代文献中,煤先秦称石涅,汉魏名石墨,晋至隋唐称石炭,宋元明至今才叫做煤。汉时,一些文人墨客仍将煤作为一种天然墨,用于书写之中。汉献帝建安十五年(210)曹操在邺地修筑铜雀台、冰井台、金虎台三台。其中冰井台为藏煤之处。晋陆云曾写信告诉他的哥哥陆机:"一日上三台,曹公藏石墨数十万斤。"北魏地理学家郦道元的《水经注》中载:"冰井台,亦高八丈,有屋一百四十间,上有冰室,室有数井,井深十五丈,藏冰及石墨焉,石墨可书。"而其他一些古籍,如《陆氏邺中记》、《荆州记》、《祈安郡记》等均有石墨的记载。当时用这种墨来书写,未掺入胶质,缺少光泽,正如元陶宗仪《辍耕录》所说,"中古以石磨汁"来书写,可见这石就是石墨。随着人造墨的出现,石墨在书写领域的运用逐渐减少。

汉时,松烟已成为造墨的主要原料。明项元汴《蕉窗九录·墨录》说:"古墨唯以松烟为之。"东汉著名学者许慎《说文解字》中释:"墨者,黑也,松烟所成土地。"用松烟制墨,色黑质细,体轻易磨,为人们所喜用。这一时期人造松烟墨大兴,为我国以后制墨业的发展奠定了良好的基础,为书法艺术的发展提供了必不可少的物质条件。

四、魏晋南北朝松烟墨的生产

魏、晋、南北朝，是战争频繁，政治上动荡不安的时代，但各个政权为了粉饰升平富庶，都较注重文化事业的发展，这客观上刺激了制墨业的生产。

汉时大量的人工松烟墨的制作，直接影响到魏初，当时墨的主要产区，除汉时已具相当规模的陕西扶风、延州一带地区外，其制墨中心逐渐向江南山林等地发展。其制墨原料主要是承袭汉时烧松取烟质制墨的传统做法。宋晁贯之《墨经》中记载："古用松烟、石墨二种，石墨自魏、晋以后无闻，松烟之制尚矣。"显然，当时制墨是以松烟质为主要原料。在人们的实践中，松烟墨的书写效果远远超过质劣的自然石墨，石墨遂被取而代之。其墨的使用也具有相当的普遍性。魏初著名诗人曹植曾有"墨出青松烟，笔出狡兔翰，古人成鸳迹，文字有改刊"的名句传世。从中可见当时文人均以松烟墨作为书写染料。

据史料记载，当时制墨已经相当考究。在烧松取烟质的基础上，经过漂、筛，除去杂质后，再配以上等皮胶、麝香、冰片等贵重药物加工制作而成，使墨馨香扑鼻，且能防蛀防腐。这一较早的松烟制墨法，当属魏书家韦诞首创。

韦诞，字仲将，京兆（今陕西长安）人，他善于总结前人的经验，制出了为人称颂的佳墨，人称仲将墨或韦诞墨。以至后人尊他为制墨的发明人、祖师爷。其制墨法，宋苏易简《文房四谱》卷五《墨谱》中有详细的记载："今之墨法，以好醇松烟干捣，以细绢筛于缸中,筛去草芥……烟一斤以上,好胶五两,浸梣皮汁中……可下去黄鸡子白五枚,亦以真珠一两,麝香半两。皆别治细筛,都合调下铁臼中,宁刚不宜泽,捣三万杵,杵多亦善。不得过二月九月,温时臭败,寒则难干。每锭重不过二两。"韦诞墨首开以贵重药物珍珠、麝香制墨的先例,又用其胶使零散无形制的碎墨,黏固并使其富有奇丽的色泽,质量大大提高。"故萧子良答王僧虔书云:'仲将之墨,一点如漆。'"明高濂《遵生八笺》中也有此说:"又若仲将之墨,一点如漆等类,皆古名墨也。"汉末大书法家蔡邕作书时,也偏爱韦诞墨。

正是由于韦诞发明了这种"捣烟和胶"的制墨法,使得魏时制墨开辟了新的天地。当时制墨多讲究烟细胶轻,因胶是一种具有黏性的物质,胶轻则有力,烟细易于凝固成形,二者配合相得益彰。墨的光彩因胶而显,由胶而发,黝黑泛有光泽,真可谓尽善尽美。当时造墨、选墨、评墨也多以此为标准。三国时,江东吴国书家皇象曾评论当时的好墨"多胶黝黑"。

晋时,松烟墨的制作生产中心已在江南山林区扩展开来,江西庐山就是一地,其间松林繁多,真可谓取之不尽,用之不竭。其制墨原料多以此地为贵。所制之墨,深为当时书家所喜爱,非此地佳墨不轻易下笔。东晋女书法家卫夫人在《笔阵图》中说:"其墨取庐山之松烟,代郡之鹿角胶,十年以上,强如石者为之。"从此可看出当时的书家对庐山松墨之偏爱,也证实了当时确有高质量墨的制作生产。

除松烟墨的生产外,当时还有一种以漆烟、松煤混合制作而成的墨,形圆如丸,故称墨丸。元陶宗仪《辍耕录》载:"至魏、晋时始有墨丸,乃漆烟、松煤夹和为之。所以,晋人用凹心砚者,欲磨墨贮沈耳。自后螺子墨,亦墨丸之遗制。"这种从墨、砚相互作用的关系上所作的解释,是非常有说服力的。砚是磨贮墨汁的凹心砚,墨丸就是用手拿着研磨的成锭的圆形墨。"墨丸"一词到后来,已成为墨的通称,宋代诗人陆游的诗篇中就有"香缕映窗凝不散,墨丸入砚细无声"的著名诗句。1974 年上半年,江西省博物馆在清理南昌市区的两座东晋墓时。就发现了两件墨块:一块圆柱形墨,长 9 厘米,直径 2.6 厘米,另一块长 12.3 厘米,由于长期被水浸泡,已变形制,但仍可断为长形墨块。其墨纯佳,墨的成分与现代墨大致相同。这一实物的发掘出土,充分证明了当时墨不光具有易于研磨的成锭的固定整墨形制,而且墨制技艺已具有相当高的水平。同墓发掘的木方上有用墨书写的文字,虽经若干年潮湿浸泡,仍墨色清晰,字迹可辨。这就是墨质佳绝的最好注脚。北京故宫博物院现存西晋陆机的《平复帖》就是当时墨书真迹,距今 1500 多年,其墨色不褪无损,曾被人称为"法帖之祖",誉为"晋初开山第一祖墨",比王羲之的《兰亭序》还要早 100 多年。

特别是西晋时期,书法已成为最重要的艺术。晋武帝提倡立书博士并设弟子员,教习书法,一时间学书习字成为时尚,这就有力地促进了当时制墨业的发展,制墨技术的改进,制墨质量的精良。反过来讲,佳墨的制作,又为书家发挥艺术创造力提供了极大的方便,为使墨迹千古流芳奠定了物质基础。

晋时,由于墨的定型、完善和质量的提高,使之成为文房中必不可少的一宝。因佳墨珍贵,当时墨也成为进献皇帝的贡品、友人之间的赠礼和死者的殉葬物品。这种时尚对后世影响很大。1961 年在江苏镇江丹徒六朝墓出土的墨块,墨为椭圆形(如图 8),这说明当时墨的形状已经有了显著变化。

南北朝时,制墨业由南向北发展,南有庐山松墨,晋时已声名大噪,北方易墨初露头角。易墨因产于河北易州(今河北易县)而名,易水流域,历史上多古松,这一得天独厚的自然条件,使得当地人们大多从事制墨业,其量大质佳,为其

图8 六朝墨

他地区所不及。据有关文献记载,易县产佳墨与名砚,因制墨、砚具有独特的技艺,墨有易水法,砚称易水砚。

易墨之名,见于古人书学著录中,南朝齐书家王僧虔《笔意赞》中称:"剡纸易墨,心圆管直,浆深色浓,万毫齐力……骨丰肉润,入妙通灵。"文中把晋时产于剡溪(今浙江省嵊州市)的竹藤名纸和易墨并誉。随着制墨技艺的提高、质量的改进和用墨的广泛普及,研究制墨的著录文章也相继问世。北魏贾思勰《齐民要术》书中已较详细地记载着墨的制作方法,这也是世界上最早的关于墨的科学文献。其中"合墨法"中说:"好醇烟捣讫,以细绢筛于缸内,筛去草莽若细沙尘埃。"这样做,醇烟黑浓,捣之质细,细筛墨纯。此时,墨的种类也较前代为多,如果药多,味香,所制之墨必定是精品。可见南北朝时,在造墨技艺上已总结了较为丰富的经验,松烟墨也成为当时诗文所赞咏的题材,南朝宋文学家鲍照《飞白书势铭》诗中就有"露此瑶波,染彼松烟"的佳句。

当时的制墨家,据南朝书家沈约所著《宋书》中载,"张永善隶书,又有巧思,纸及墨皆自营造",名震当时,宋文帝乃诏张永为宫中制作御纸御墨。南朝宋书家虞和《论书表》中记载,张永

除更制御纸外，"又合秘墨，美殊前后，色如点漆，一点竟纸"，可见技艺高超。

北朝时，墨除用于书写外，还被作为一种惩罚人的用物，但比起周代的墨刑来，却是小巫见大巫。唐李百药《北齐书》中记叙了当时"罚喝墨水"的故事：北朝的北齐侍中黄门郎，要求各郡官员向朝中书写文书时，必须抄写清楚，字迹工整，否则"凡字迹潦草滥劣者，罚喝墨水一升"。这一规定，还真的杜绝了当时那种不严肃的文风。此法当时被学堂所采用，唐杜佑撰《通典》书中记载了当时通行的一种"课试"方法，凡考试成绩低劣者，罚"饮墨汁一升"。清周亮工《因树屋书影》中也有记载："北齐策秀才，下者饮墨汁一升。"下者，也就是成绩低下的考生。因考试成绩不及格者而罚饮墨水一升，实在过于苛刻。后来人们便以此批评那些字迹潦草、文风不严的人或用此指责那些不符合实际的离奇的惩治方法。

纵观魏晋南北朝时期，墨的制作同其他书写工具一样，无论从数量和质量上，都超过了以前任何一个时代。墨的定型、完美，为这一空前繁荣的书法黄金时代提供了物质前提。

五、唐代制墨业的盛况

到了唐代，制墨仍以松烟为主要原料，技术不断进步，选料制作精益求精，工艺造型日趋优美，制墨艺人师传弟承，父业子继，使唐时的制墨业承先启后，处于兴盛时期。由于当时政治、经济、文化的发达和对外政策的开放,扩大了同少数民族地区和国外的交往。墨作为具有鲜明的民族特色的艺术形态,曾使许多国家的民族对它产生倾慕之情,成为促进当时文化交流、友谊及团结的一条纽带。

唐时墨的产区从南北朝时的河北易州扩展到潞州(辖境相当于今山西长治、武乡等数县以及河北涉县)地区,这里是多松之地,且所产之松又很名贵,这为造好墨提供了丰富的原料。宋晁贯之《墨经》中记叙了当时制墨的产地和原料:"唐则易州、潞州之松……尤先见贵。"唐天宝、至德时,又曾改潞州为上党郡,故唐诗人李白《酬张司马赠墨》中有"上党碧松烟,夷陵丹砂朱。兰麝凝珍墨,精光乃堪掇"的诗句。其墨的造型,也从单一的圆形墨丸发展到有乌玉块、蟠龙弹丸、双脊鲤鱼等多种形式。后来有较大墨块问世,以唐高宗镇库墨为最。宋代何薳《春渚纪闻·墨说附》中说:"近于内省任道源家,见数种古墨……有唐高宗时镇库墨一笏,重二斤许,质坚如玉石,铭曰'永徽二年镇库墨',而不着墨工名氏。"这足以说明唐时制墨已达到较高的技艺。

唐朝末年,由于战争烽火连年不熄,使得北方一些制墨良工纷纷南迁。相传河北著名墨工奚超就是此时举家南迁,来到安徽黟歙之地定居的。这一带山上松多水好,是极好的制墨之地,又加之这里经济发达,交通运输方便。奚家就利用黄山古树和清澈的水源作为制墨原料,重操制墨旧业。此事宋晁贯之《墨经》中有记载:"李氏以宣歙之松类易水之松,……池州九华山及宣歙诸山,皆产松之所,……盖西山之松与易水之松相近,乃古松之地,与黄山、黟山、罗山之松,品惟上上。"父子俩进一步继承前人的制墨技术,改进了捣松、和胶等方法,形成了一整套操作规程,使奚家墨具有烟质松、胶质好、调料匀、捶捣细的特点,再加上色泽肥厚、质地沉重的古松，便制出了"光泽如漆，其里如玉"的佳墨。其制墨法被人称为易水遗规。南唐后主李煜对奚超所制之墨倍加赏识，并赐给国姓，从此奚家都改姓李，奚超也就改名为李超了。他们家的墨故称为李墨，多作为贡墨，供宫廷所用。

图9 唐代松烟墨

一时李墨声誉当朝，名满天下。1978年在安徽祁门县北宋墓出土一枚松烟墨，与后世墨的形状很接近，经专家审定，为唐代的松烟墨（如图9）。历经一千多年，该墨虽有断裂，但仍能看出其形状，足可以看到唐李超时代制墨的技艺非同一般。

李超长子李廷珪、次子李廷宽均以制墨出名，而珪声誉最高。南唐后主李煜特召廷珪任墨务官。此时所制之墨，声名更大，称为廷珪墨。在当时，其墨和澄心堂纸、诸葛氏笔和龙尾砚并称为南唐的文房四宝，直到宋时盛名不衰。

南唐时，李氏在歙州又将技艺传授给耿姓和盛姓，制墨皆仿李氏制墨法，世代以制墨为业，为当时两大制墨世家。耿姓一族制墨者有耿仁遂、耿文政、耿文寿、耿德真、耿盛等。盛姓一族有盛匡道、盛通、盛真、盛舟、盛信、盛浩等，所制之墨也名噪一时，但未能流传下来。

唐时主要以松烟作为制墨的原料，所制之墨算是较为考究的品类；另有一种以柴灶门上的烟子（也称百草霜）合胶制作而成的低劣墨,一般为贫穷人家使用。相传,易州有一位多年屡试不第的穷秀才,因不甘落第,仍坚持日读夜习,不料却染上鼻衄病。一天晚上,鼻子又流血不止,慌忙之中,猛然想起"红见黑止"的俗语,连忙用棉花蘸上墨汁塞入鼻中,竟止住了血流。这一偶然的成功后,他见到别人鼻衄时,也以此法传授,全部治愈。这种止血效用就是百草霜的作用。此后墨能止血便在民间流传开来。无论这一传说真伪与否,墨的药物作用却是不容否定的。特别是墨中不断加入名贵药材,其药物作用逐渐扩大。

唐时的用墨量,也是前所未及的。当时统治者由于醉心翰墨,自唐太宗李世民以下几代皇帝均有善书、好画之名,并在翰林院设侍书学士,国子监有书学博士,科举有书科,吏部以书判定选,书法成为人生进身的阶梯,因此,整个朝野上下习书成风。唐初时,贞观元年(627),在京城开设书法学校,以书为教。在其他学校里同样把学书作为一门必修课,也须每日书写一幅。《唐书·艺文志》中记载,唐初"大明宫光顺门外,东都明福门外,皆创集贤书院,学士通籍出入。既而太府月给蜀郡麻纸五千番,季给上谷墨(即易水墨)三百三十六丸",其用墨量于此可见一斑,当时如没有大量的墨的生产,是难以保障供给的。

唐初时已始用雕版印刷术,即在刻有文字图画的木版或其他质地材料的版面上涂上一层墨,再履纸而印。因用墨涂版而印,故称为墨版。张秀民《中国印刷术的发明及其影响》中载:"雕印文字,唐以前无之。益州始有墨版。"可见,唐时墨又在印刷业中初露锋芒。据说当时的高僧玄奘曾用回锋纸印普贤像,施于四众,而且每年印数颇大,成千上万张之多。这当是我国最早的刻印画像的记录之一。到唐玄宗时,各藩镇都在京师设置办事机构,他们为及时掌握政事动态和官吏们的奏议等有关政治情报,均用墨抄写或印制朝廷发布的"报状",以此作为互通情报的重要手段。这也就是我国最早的原始形式的报纸。官府中抄写、印刷业如此,而民间印刷行业也引人注目,唐文宗时,每年不等司天台奏准皇上颁下新历法,四川和苏州北部等地私印的历书已通行天下,作为一种商品在市上出售。另外占梦、相宅、医书以及有关民俗信仰、启蒙知识的书也大量印刷,以此可管窥当时印刷之规模。综上所述,如没有质佳量多的墨的普遍使用,是难以满足诸方面的供求和浩繁的文书工作的。

唐时的墨,除用于以上需要外,还广泛用以摹拓复制古代墨迹。自太宗贞观中时,御府就以金帛重购或搜访古人墨迹,摹拓成千百,以广为流传。我们今天看到的王羲之书迹,最早都是唐人用上等好墨、纸摹取的版本。其硬黄墨迹,大多墨色黝亮。其墨质量,足以明证。

由于制墨技艺的提高,墨在绘画领域里也放射出绚丽的光彩。许多优美的美术作品、名画家及流派得以产生,影响后世。著名诗人王维,不仅以诗著称诗坛,同时又作为一名画家,被人称道。他绘画时纯用水墨,不用颜色,以"书画同源"的用法首创水墨山水画,以多变的笔墨情趣表现出非彩色所能表现的艺术效果,对后世影响极大。更有甚者,相传唐代画家王洽绘画之前必饮酒,乘酒兴作泼墨画,水墨挥洒,不见笔痕,真可谓淋漓尽致。此法,则成为中国画的一种独特表现手法。具有"画圣"之称的吴道子,擅长"于焦墨痕中,略施微染",这又是多么巧妙的墨法技艺。上述画技流派的涌现在中国美术史上也同样占有重要的位置,这与好墨的出现有着密不可分的关系。

由于当时墨已深入应用到人们的文化生活中,不少文人雅士对墨有着特别的情感。因而誉墨以名称、别号,极为多样。唐代散文家韩愈著有《毛颖传》,把笔、墨、纸、砚戏谑地加了代称,称墨为绛人。唐冯贽《云仙杂记》中有一则关于松墨的神话故事:唐玄宗御案上陈列一锭佳墨,一天玄宗见其墨上有一小道人,如蝇大小,沿墨而走,即大声斥责。小道人以礼相待,口呼万岁,并自称臣为墨精,黑松使者也,凡世人有文者,其墨上皆有龙宾。因此龙宾、黑松使者皆成为墨的代称。玄宗御墨是用油烟入脑麝、金箔制成的墨,故称龙香剂,以后也成为墨的别称。到宋代还将墨封侯取名,宋苏易简《文房四谱》中载:"松滋侯易玄光:墨也。"这些别称,一直流传至今。

墨的广泛使用,促进了造墨业的发展。造就了大批的制墨名匠。唐代较早的制墨家李恺,是歙州著名墨工李超等诸李之祖。唐时也沿用汉时的做法,专门设置墨官,这时的墨官不像前时一味主管御用笔墨,而必须真正具有较高的制墨技艺,才能担此重任。墨官祖敏曾以鹿角胶煎为膏状而制墨,其名闻于天下。另有易水奚鼐、奚鼎兄弟在唐时也是墨官,同时又是制墨名家。奚鼐所制之墨有光气,有"奚鼐墨"及"庚申"印文。另有墨工王君德所制之墨,为人称道,宋大书家蔡邕曾大加赞赏:"广世有王君德墨,人间少得之,皆出上方,或有所得者,是为家宝也。"另有柴珣、陈朗等人,均为一时之制墨名匠。

唐时的制墨业和其他手工业一样,其规模较之前代都有较大的发展,均产生了许多技艺高超的工匠。他们的杰出成就千百年来一直受到人们的赞扬,当时不但促进了内地文化的发展,而且还有力地增进了国内外各民族的友谊团结。

唐时和西域在文化及其他领域里的交往十分密切。1968年在新疆吐鲁番发现的唐代墓葬中有许多唐代的文物,在该地区发现一块唐代墨锭,两头为椭圆的长形状,墨锭正中,白底上有清晰的墨色明文"松心真"三字,书体是富有唐代中期书法特征的正楷,有力地证明了新疆与内地悠久的文化联系。

公元 641 年,唐太宗命江夏王李道宗护送宗室女文成公主入吐蕃,同松赞干布完婚,随身带去许多包括擅造笔墨在内的手工业匠人。649 年,应松赞干布的请求,又有许多造纸墨的能工巧匠等入吐蕃,这一大规模的文化输入,给吐蕃文化增添了新的活力。到了唐中宗时,又接受吐蕃赞普尺带珠丹的请求,把金城公主嫁给他,又有许多造纸墨等的工匠一同前往。这两次入藏,对加强藏汉两民族的友谊、发展藏族的文化事业都起到了不可磨灭的贡献。

唐朝的对外往来较为频繁,和亚洲、欧洲各国的经济文化交往出现了前所未有的盛况,尤和日本最为频繁。公元 646 年,日本国内曾出现学习大唐的热潮,多次派遣唐使、僧人来我国学习唐代文化。不少人回国时带走许多墨及其他文房器具、书籍等。现在日本奈良东大寺的正仓院中,仍保存着我国唐代的墨锭,除了一块当年被研磨用来为大佛开眼的古墨外,另有圆柱形墨两锭、腰圆形墨十二锭,其中有一块是唐开元四年(716)制作的。日本还以本国的原料制造墨。所制之墨,色淡黑而粗薄。宋时,日本曾以松烟制作的墨作为贡品,进献中国的皇帝。

我国和朝鲜的文化交流和友好往来始于南北朝时,兴盛于唐代。这时朝鲜的墨、笔、纸等物也源源不断地输入我国,朝鲜墨纸历有"大纸细墨"之称,纸墨俱佳。其墨制作多取用古松烟质为主要原料。起初不善用胶,墨锭大,较脆软且缺少光泽,后采用掺胶法,多以麋鹿胶掺入,墨形变得小巧,质地光泽均胜于前者。其制墨业也具有一定的规模。外域墨的引进,极大地丰富了当时我国用墨的品类和两国人民的文化生活。

六、宋代徽墨声名大震

宋太祖赵匡胤当政后，大量派遣文臣到各地做知州，管理地方政事，以文治天下，随之学校、书院遍天下，讲学之风大盛，著书立说遂行，出现了我国文化复兴的新时期，形成继春秋战国以来的又一个文化高峰。这有力地促进了制墨业的发展，仅徽州新安一地就出现了"新安人例工制墨"的崭新局面。其墨的品类也出现了石油烟墨和白墨的新品种，由于墨的特殊性能，浓涂淡抹，使宋时的水墨画、拓印技术等都树立了特殊的风格。

宋时，李墨仍被作为宫中的必用物品。据说宋太祖在位时，凡写诏书必用廷珪墨，后几代皇帝皆效仿之。当时，宋室建造的相国寺，其大门皆用此墨涂漆，用量之大可想而知。这虽是一种浪费之举，也从反面看出对李墨的崇拜至极。淳化三年（992）宋太祖曾命王著等模集镌刻《淳化阁帖》，共十卷巨著，刻成后，初用李廷珪墨所拓，墨色浓黑，被视为无上珍品，并称为李墨本。据《遁斋闲览》书中载：宋大中祥符元年（1008），有一贵族将李廷珪墨误落池中，未捞，一年后又落入一金器，遂派人下水捞取，并把墨丸捞上水来，此墨依然光泽不退，坚硬如初，表里如新，被贵族视为珍宝而收藏。宋仁宗时更为过之，他每次在群玉殿宴请近臣密官时，总以李墨作为礼品赐赠。到宋宣和年间李墨更为珍贵，出现了"黄金易得，李墨难求"的奇缺现象。至今北京故宫博物院珍藏有李廷珪墨一锭，上有清高宗（乾隆皇帝）题咏，因唯其一锭,固无人磨试。其妙其佳,难得知晓。另外,宋时的文人墨客都对李墨有特殊的偏爱,唐宋八大家之一的苏东坡、北宋大臣文彦博、史学家司马光等都极力赞美廷珪墨。到庆历年间,一枚廷珪墨可卖钱一万。李墨在宋后时期其量锐减,但制墨技艺仍后继有人,特别是廷珪之侄承晏之墨,更是制作不凡。南宋吕本中撰《紫薇诗话》中载晁叔用的诗:"君不见江南墨官有诸奚,老超尚不如廷珪,后来承晏颇秀出,喧然父子名相齐……"把承晏与父辈廷珪齐名共赞。

宋宣和三年(1121),歙州改名为徽州,李墨和其他墨匠们所制之墨,统称为徽墨。从此,徽墨的名号便跃然而出,一直和湖笔并称为"湖笔徽墨",历来脍炙人口,直至今日仍不失为文房四宝中的至宝。

我国传统的烧松取烟制墨法,历经千百年,经久不衰。到宋时这一主要资源松林,由于朝朝代代取用,年年月月砍伐,大片大片被毁,已面临生不应求的境地。北宋科学家沈括在《梦溪笔谈》中说:"今齐、鲁松材尽矣,渐至太行、京西、江南,松山大半皆童矣。"这种景象引起当时制墨家的重视,于是以取桐油、石油、麻油、脂油所燃之烟为原料的造墨法也日益盛行开来,制墨技艺规范日趋完善。墨质佳绝,日渐为人们所喜爱,形成了具有宋代制墨特色的两大品类。这一首创,在我国制墨史上占有光辉的一页。

当时黟州著名墨工张遇创制了油烟墨,以烧油取其烟质,再配以麝香、冰片、梅片、金箔等药料加胶制成,所制之墨,供宫廷御用,名扬当时。元陶宗仪《辍耕录》中载:"宋熙、丰间张遇供御墨,用油烟入脑麝金箔,谓之龙香剂。"此墨为当时宫中所珍贵。据说当时远居在黑龙江长白山一带的金章宗,曾派人购买他的麝香小御团墨,经加工后,用作画眉供宫中专用。他制的墨也是历代收藏家所极力追求的。其子张谷,孙张处厚均以制墨而名噪当时。1988年在安徽合肥市宋太师舒国公孙马绍庭夫妇墓出土一长梭形墨,上有阳文篆书"歙州黄山张谷男处厚墨"。此墨在地下埋有九百年,虽有裂痕,但仍坚挺,当为宋墨遗世的稀世珍品。

油烟墨中,以桐油制墨者居多。桐油主要产地为我国秦岭、长江流域以南、四川、湖南等地。宋时的潭州(今湖南省长沙市)多有桐树,当地人胡景纯,专取桐油烧烟取质和药料,掺胶制作,并取名桐花墨。所制之墨又硬又薄。大的不过数寸,小的圆如铜钱。其最大特点,不依外形引人注目,以质高取胜,墨的制作较为经济。墨色较之其他油烟墨欠浓黑但有光亮,产量在油烟中占比重较大。

油烟墨另有一种以石油烟为制墨原料加工而成的墨。沈括《梦溪笔谈》书中载:"鄜、延(今陕西延安一带)境内有石油。"这种石油"颇似淳漆,燃之如麻,但烟甚浓,所沾帷幕皆黑"。作者较有心计,由此联想此烟可以制墨,"试扫其煤以为墨,墨光如漆,松墨不及也"。于是这种又黑又亮,胜于松墨的石油烟墨,就大量制作起来,并取名为延川石液。作者在书中还对油烟墨的趋向、前景,作了科学而又有见地的预见:"此物必大行于世,自余始为之。盖石油之多,生于地中无穷,不若松木时而竭。"这一新原料的开发,为我国制墨业发展开辟了一条新的路子。

松烟制墨法是我国古代较早的制墨法。松烟墨虽墨色较重,但写在纸上缺乏泽润,胶质较轻,着水容易渗化,书法作品不易使用;油烟墨,墨边纯黑有光泽,新制之墨胶质较重,较适用于作画,如延长一段时间使用,胶性减弱,使用效果则更为理想。

鉴于以上两种墨品各自的不足,宋时出现了一种松烟、油烟兼而制作的油松墨。胶水不重,墨色深重,入纸则神采焕发,较易于写字。当时四川墨工蒲大韶所制之墨,坚实耐用,为人们所喜爱。据说其造墨法曾得于当时书家黄庭坚的传授,这种墨可能就是最早的油松墨。宋何薳《春渚纪闻·墨说附》中记载当时人们问大韶:"油烟墨何得知是之坚久也?大韶云:亦半以松烟和之。不尔,则不得坚久也。"可见这种说法无疑是油松墨制作的最早记录。另有沈珪还以油、松枝和生漆渣燃烧取烟,烟质黝黑,取名漆烟,和药捣制而成,人称其墨"十年如石,一点如漆"。

除上述黑色的墨外,这一时期还有一种色如银的白墨问世。宋苏易简《文房四谱》中载:"近黟、歙间有人造白墨,色如银,迨研讫,即与常墨无异,却未知所制之法。"此书中还记载了造朱墨的方法:"上好朱砂细研飞过,好朱红亦可,以桦皮水煮胶,清浸一七日,倾去胶清,于日色中渐渐漉之,干湿得所,和如墨挺。于朱砚中研之,以书碑石,亦须二月、九月造之。"可见造朱墨之不易。朱墨在当时的运用主要是为书丹上石所备,也就是书写者用朱墨直接写在石碑上,以备镌刻。宋时的著名书法家苏东坡、黄山谷、米元章、蔡君谟、赵估等均是当时的书碑名家。欧阳修在《答谢景山遗古瓦砚歌》中也有"嗟予夺得何所用,簿领朱墨徒纷渻"的诗句。据传说,苏东坡典试时,还曾以阅卷的余朱画了一幅竹图,这一尝试随即遭到一位友人"世人岂有朱竹"的讥讽。这都证明朱墨在当时应用的普遍性。

宋时,墨的品类已较为多样化,并以各自的特点在书画及人们文化生活中大放异彩。仅以黑色墨为例,当时大兴刻帖,这是在印刷术尚未发明之前一种广泛的复制方法。比起唐时的勾摹填拓简便易行,而且做工讲究,技艺超绝。重墨者如绒堆,如用油烟墨精拓,漆黑泛有光彩,并美名为乌金拓;淡墨者呈蝉翼状,有蝉衣拓之誉。另有浓墨本、淡墨本等区分。因此历来把宋拓和唐摹称为一代绝技,相提并誉,形成椎拓技艺发展的黄金时期,官府刻帖和民间刻帖都堪称前所未有。北宋淳化三年(992)所刻的《淳化秘阁法帖》,共十卷,从历代帝王、名臣法帖到诸家古法帖,真可谓包罗万象,洋洋巨制,被誉为诸家法帖之冠。除《阁帖》一大系统外,还形成民间刻帖一大系统,如《宝晋斋法帖》,南宋咸淳四年(1268)重摹刻,共有十卷;《风墅帖》,多达四十四卷,几乎包括了南宋南渡前后大部分名人的笔迹遗墨,是一部难得的丛帖巨著。

宋代墨品的多样化和质量的不断提高,有力地促进了当时绘画艺术的发展。米芾和米友仁父子俩创造了一种山水画技法,纯用水墨点染,运笔草草,充分表现了江南湿润的景色,故称为"米氏云山"。北宋画家仲仁善用水墨晕写梅影,首创"墨梅",画家文同擅长画"墨竹"久负盛名于画史。南宋画家陈容是当时画龙的高手,善以不露笔痕的泼墨法渲染云气,或隐或现出龙的局部,生动、神秘而有气势。显然,上述画派画技的涌现,无不和好墨的运用有着根本的联系。

宋时,各民族之间经济文化等方面交往较为频繁,外域墨也多有引进,这使当时的制墨家开阔了眼界,有的曾以外域墨作为再制墨的原料,外为中用,所制之墨在我国制墨史上占有一席之地。宋苏易简《文房四谱》中有"西域僧言,彼国无砚笔纸,但有好墨,中国者不及也"的记载。据说,古代印度曾用墨把著名的佛教经典书写在黄色的贝多树叶上,色黑而泛有光泽,雨淋水擦,字迹依然,可见外域墨墨质佳奇。

宋时,朝鲜墨仍不断引进我国,并向当时和北宋并立的少数民族政权契丹进献纸墨等礼物。据说辽代印刷的藏经,使用的就是新罗墨。

因宋时制墨业的大力发展,涌现了众多的制墨名家,见于著录的就有三十多人,名声最大的要数歙县人潘谷。潘谷一生精于制墨,经常"布衫漆黑手若龟",所制之墨,遇湿不败,香彻肌骨,磨研至尽而香不衰,其品松丸、狻猊、枢廷柬阁等墨,具有"墨中神品"之称。此种墨多被宋统治者掠用,宋代诗人苏东坡《孙莘老寄墨》诗中,就有其揭露:"鱼胞熟万杵,犀角盘双龙,墨成不敢用,进入蓬莱宫。"《淳化阁帖》刻成后,曾用潘谷墨拓制成册,被称为潘墨本,也足以说明潘谷墨影响之大。潘谷经常背着墨袋,四处卖墨。每逢开封相国寺万姓交易所开放,潘谷墨总是文人墨客的青睐之物。尽管如此,他从不借势涨价,每笏墨只取五钱,大有薄利多销的味道。这种墨多为常用墨,绝不是那种神品之墨。据说,有人向他要墨,他也慷慨与之,乐于施舍。潘谷既是造墨名匠,又是精于辨墨的高手,古籍多有"揣囊知墨"的记载,以说明他不仅具有制墨的高超技艺,而且具有准确判断墨质好坏真伪的本领,真可谓作墨精妙,鉴墨绝诣。尽管潘谷名动天下,但他从不狂放、目空一切,而是保持谦虚精神。有一次,潘谷到秦少游家中看到李廷珪的半截墨,当即就下拜,并称此墨为"天下之宝"。晚年,潘谷因饮酒过多,醉落水中溺水而死。苏东坡闻后,曾写过一诗,悼念这位在制墨上作出贡献的老艺人,并称他为"墨仙"。新安(今安徽歙县)墨工吴滋,制墨造诣颇深,当时宋参政李司农曾评价道:"近日墨工尤多,士大夫独称吴滋,使精意为之。"其法与一般人相同,取其松烟,配以好胶,对以杵力,所制之墨"涬不留砚",独称当时。宋孝宗赵眘曾"例外犒缗钱二万"。

　　南宋制墨名匠叶茂实,以墨纯质精著称当时。元陶宗仪《辍耕录》中称:"茂实得法,清黑不凝滞。"1978年春,在江苏武进县村前蒋塘大队南宋墓中,发掘出土了半锭墨,高5.5厘米,宽2.3厘米,厚0.6厘米。正面残有"实制"二字,另一面留有"玉"字,字迹清晰可识,经有关人员考证为叶茂实所制。其墨质地坚细,泛有光泽,足以说明制墨技艺之高超。另武功(今陕西武功县)人苏澥制墨为时人争相夸玩,得寸许者视为"断金碎玉"。潭州(今湖南长沙市)人胡景纯,善制墨,所制之墨黑中泛光,尤为画家所喜爱,"点目瞳子,如点漆云"。

　　宋时,造墨已成为一种时尚,不光墨工名匠精通造墨技艺,就连当时的皇帝也尝试造墨。北宋徽宗赵佶政治昏庸,但好书善画,创瘦金体而名扬书坛。其实他还是一位造墨高手,所制之墨,以贵重、仿制不得而被称为"墨妖",流传后世。明屠隆《考槃余事》中载:"宋徽宗尝以苏合油搜烟为墨,至金章宗购之,一两墨价,黄金一斤,欲仿为之不能,此谓之墨妖可也。"此外,当时的文豪、书家也有制墨的佳话流传。据说,苏东坡还曾把制墨的方法亲授给金华墨工潘衡,所制之墨色泽非凡,上印有"海南松煤"、"东坡法墨"字样。宋墨工蒲大韶善制油烟墨,据说也曾得法于书家黄庭坚。

　　由于当时众多的墨工名匠的实践和文人书家等的口传亲授,使制墨技艺逐步流传开来,有力地促进了制墨业的空前发展,同时为制墨技艺的理论总结提供了大量可靠的经验。这时记载墨的书籍首次出现,就是很好的证明。宋苏易简《文房四谱》中第五卷《墨谱》,则是对墨的制作技艺沿革和产地以及有关典故、轶闻轶事的最早记录,是一份不可多得的珍贵的重要资料。宋李孝美《墨谱》(又称《墨苑》)一书,共三卷,分门别类详尽地总结了前人制墨的经验,上卷有采松、造窑、发火、取烟、和制、入灰、出灰、磨试八图,每图都有注解;中卷记叙著名制墨家十六人的程式和事迹并附所制墨图;下卷重在介绍制墨技艺,共二十条。全书图文并茂,是一本难得的论墨专著。南宋赵希鹄《洞天清录》也有关于古墨的考证辨析以及源流探索的内容。晁贯之《墨经》和何薳《春渚纪闻》中,也涉及墨的各个方面,较清楚地讲明了墨的品质优劣和鉴赏标准及挑选办法,内容较为丰富,为研究我国制墨的历史及制作方法提供了大量的史料,至今仍不失为我们研究墨的重要依据。

七、元代制墨业状况

蒙古族是我国北方一个较为古老的民族,公元 1271 年,忽必烈正式定国号为元,建立了元朝,随后于 1279 年灭南宋,统一全国。

由于元时统治者较残酷地实行阶级压迫和民族压迫,对手工业者实行较严厉的管制,把一些工匠另编户籍,称为匠户,而且规定工匠以及他们的子孙都不能改行,并须日夜辛苦操作,严重地束缚了工匠们的手脚,阻碍了工艺美术的发展,使得元时制墨业没有取得突破性的进展,就连以制墨著称的徽州地区也几乎变成"贫瘠江南"。

元朝统治中国只有九十余年,时间较短,旧墨的应用仍占有一定的市场。从当时书画家赵孟頫的诗文中也可找到佐证:"古墨轻磨满几香,砚池新浴灿生光。"诗中充满了书画家对古墨的热爱。

元时墨的制作和纸相比,可谓纸劣而墨佳,墨尤以油烟墨的生产量较大,但也有松烟的制作,其制作方法,多沿袭前人,所制之墨除表现出一定的艺术水平外,多是体现了唐宋墨的风度。从墓中出土的元墨来看,足以明证。在山西大同冯道真墓中发现有元代墨一块,形体尚完整,呈牛舌形状,一面镌刻有"龙戏珠"的图案,下为一龙,上有一珠,清晰醒目;一面为篆字,阳文"中书省"三字。据有关人员研究分析,其绘画、雕刻技艺与宋时风格极近,可与其相媲美。虽经地下数百年潮浸湿蚀,仍保持较完整的形体,可见墨质是上等的。

元时,著名的墨工较少,其知名度最高的首数以松烟制墨的名匠豫章(今江西南昌)人朱万初。其制墨佳名,多见于古籍记录中。明代学者杨慎《丹铅总录》中载其人:"善制墨,纯用松烟。"据说,朱万初初造墨时,是在乱石刻中得见金代真定刘法造墨法而起家的。他善以选用两三百年饱经风霜的古松木燃烧取烟和鹿胶制作成墨,对一般常松弃之不用,所制之墨"沉着而无留迹,轻清而有余润",深得当时书家康里子山等赞许,并进献元帝,大得皇上嘉许,"得禄食艺文馆"。当时学者虞文靖曾赠诗于朱万初,称赞其墨:"霜雪摧残涧壑非,根深千岁斧斤违。寸心不逐飞烟化,还作元云绕紫薇。"

元时由于统一了全国,有力地促进了各民族之间的文化交流。元文宗时,宫中专门置有艺文监,设大监小监(后改为崇文监)等官员,专职执掌用蒙文翻译经书、校刊书籍及鉴定书画。从翻译的经书可看出当时印刷业的兴旺和用墨量的浩大。特别是印刷业到了元时,由于改进了活字印刷术,出现了锡活字、木活字,更进一步拓宽了印刷业的路子。在宁夏发现的西夏文《大方广佛体严经》则是我国现存最好的木活字印本书,为元初印刷,具有明显的活字印刷特点,字里行间有不同程度的参差不齐的现象。特别是从挖补重印、填写的痕迹中,可较清楚地观察到墨色的浓淡以及纸背透墨程度的差异。显而易见,元时大量书籍的翻译、印刷以至传播至今,还是以足够量的好墨来作为有力保障的。在元时出现了有关历代制墨名家和他们所制的墨的著录。张寿的《晦斋墨谱》和陆友的《墨史》,就是当时的代表作。《墨史》一书,共分三卷。集精于制墨名家,从魏至宋170余人,魏有韦诞,晋有张金,南朝有张永,唐有祖敏、王君德等10余人,宋有柴珣、常和等130余人,金有刘法、杨文秀2人。文中详尽收集了契丹、西域、金国等地之墨。末附杂记25则,都是有关墨的典故和知识。该书是一部难得的较完整地介绍历代制墨家及他们所制之墨的专著,足见元时对墨的研究相当精细深入。元代陶宗仪在《辍耕录》一书中也记录了唐、南唐、宋、元有名的制墨名匠70余人,元伊士珍《琅嬛记》书中也多有墨的记载。除此,当时的书学论著中同样有关于墨的论述之处。元书家郑杓所著、刘有定注疏的《衍极》中,则较早地论述了古代漆与墨相类的观点,同时指出了漆与墨两说是时人的误解,以事实说明漆与墨的共同源渊。书家陈绎曾《翰林要诀》书中,详尽阐明了墨与砚、水、纸的关系及在书法中的运用技巧。元书家康里子山在墨的使用方法上,就提及生墨法,以增强书写的艺术效果。可见,墨在当时已成为人们专门研究的一门课题。

问世较早的朱墨,在元时则始用于文字套印。解放前,曾在湖北江陵县资福寺发现了《无闻和尚注金刚经》,经有关人员鉴别,其为元代顺旁至元六年(1340)刻印的,经文皆用朱墨印,注释则用黑色印。红黑分明,阅看醒目。这一多色套印本是我国较早的,也是世界上较早的套色印刷文字,现存于我国台湾省。

八、明代制墨业的兴盛

明朝的制墨业是在元代不景气的状况下重新复苏,逐步发展起来的。特别是明代中期以后,制墨业进入了辉煌时代。到了万历年间,制墨名家辈出,派别竞技,墨质精良,墨式新奇,形成了我国制墨业上的一大奇观,犹如诗之盛唐,词之宋时。

当时制墨业的中心,从歙州一地扩展到黄山、黟州以至整个徽州地区,出现了"徽人家传户习"的制墨景象。其制墨原料仍以松烟为主,但也不乏油烟墨的制作。明末科学家宋应星所著《天工开物》一书,就是当时研究农业和手工业生产技术的科技著作,被誉为中国 17 世纪的工艺百科全书。书中第十六卷《丹青》,专门记述了制墨生产技术,除谈及黑墨外,还有朱墨的论述,并附图六幅,为研究明时制墨业的生产提供了宝贵的资料。据书中载,当时制墨"取桐油、清油、猪油烟为者,居十之一;取松烟为者,居十之九。凡造贵重墨者,国朝推重徽郡人",由此可以看出当时松烟墨的生产仍独占鳌头。而油烟墨的生产,特别是桐油烟与漆油的制墨方法,由封闭型开始走向开放型并被广泛运用,深得书家所推重。

油烟墨的生产制作,从烧烟到收烟,经加胶、加药,从蒸剂、杵捣、槌炼到制样、入灰、出灰、去湿等复杂繁多的工序,才能制作出一锭能用的墨。这时的桐油烟、漆烟被广泛采用,但其原料来源极为不易,如桐油出产地多在湖南、湖北两地,路途遥远,运输困难,成本较高,一些墨工就派专人到产油地购买价格低廉的桐油,就地燃烧取烟质带回制墨。明时生产的油烟墨是上等之品,其质地细腻、坚实、耐磨、易贮存,能防腐、防霉、防蛀,还可增强渗透作用和光泽,墨迹乌黑发亮,经久不变。可以说,油烟墨的生产在明时已达到历史上的最高水平。

明代墨不仅以质取胜,而且还以精美的墨式著称于世。如漆皮墨,即是在制成的墨锭上进行刮磨加工,继而打光,最后加漆制作而成。所制之墨黑而发光,其润欲滴,此法盛行万历年间,以至影响清代。另外还常见一种漆边墨,多为两式:一是在墨身的上下左右都涂上漆,而墨的正反面不加涂饰,此法在明时多为制墨家普遍采用;二是只在墨的正反两面边上涂上一层漆,上下左右及两侧均不涂,以保持墨原有的本色,此法在明代甚少,多为清代制墨家采用。另有一种通体均以金涂饰的墨块,取名漱金墨,外形美观,极为引人注目,在明末较为流行。

明代雕刻艺术的发展,有力地促进了明时制墨业的兴旺,并直接服务于制墨业。明代著名墨工程君房《墨苑》一书中编有自制墨图 500 个;方于鲁的《墨谱》一书中有墨式图样 385 式,均为当时雕刻高手丁云鹏等刻制,刻工纤巧,纹饰清晰,内容广泛,以精细见长,以至被后人称为版画史上的重要资料。这样绘制印刷出来的墨式图样,实际上就是带有商品广告性质的宣传品。

另外,值得一提的是新安方瑞生,他平生酷爱制墨,墨品妙绝,造型雅致,并著有《墨海》一书传世。书中既有制墨法、墨家故事的载述,又有古墨图谱和自做墨型。穆孝天在《安徽文房四宝史》书中称它是"一部堪与程君房《墨苑》及方于鲁《墨谱》媲美的佳作"。这三部价值很高的巨著,为墨的传播和制墨技艺的竞争创造了极有利的条件。

明时盛行习书之风,就连当时的皇帝也极爱书法,并对有造诣的书家以贵官相待。明成祖朱棣在位时,所下的诏令文书均由工书的人书写。由于皇帝的提倡,外藩的诸王也热爱书法,现存的《肃刻阁帖》就是明肃宪王及其子组织所刻而成。当时实行的科举取士制度,对考生的字则要求必用墨书写,故有墨卷之称。而且字要写得方正,大小一律,时人称为台阁体。由于皇帝提倡,这种缺乏创新、毫无生气、千篇一律的书风成为流弊,对我国书法的发展起到了很大的阻碍作用。

明时墨除在书画、印刷等方面广泛应用外,还逐渐深入到人们的日常生活中去,在当时的木工匠中,墨也成为必不可少的用料之一。

由于墨在质量、花纹图案等方面都有很大的提高,而且越做越精,逐渐朝着艺术品的方向发展,具有很高的欣赏价值,它也就成为人们收藏的对象。如明末书家邢侗就有收藏好墨的爱好,吴昌绶《十六家墨说》一书中介绍了邢侗所藏和所见所闻的墨。此外明时已有专门记载藏墨的书籍问世,明末万寿祺《墨表》第三卷中,对各朝代制墨家的每一块墨的正反左右面的花纹图案、铭文以及墨的式样介绍得十分详尽,明显把墨作为玩赏收藏的艺术品来对待。

正是由于有诸多的藏墨家,才使古代许多名墨得以流传,这不但为我们研究古代墨的发展、演变提供了第一手资料,而且还在卫生医疗中发挥着一定的作用,并使墨成为入药的珍品,如北京同仁堂药店的细料库中至今仍珍藏着几十块罕见的明墨。以墨为主要原料制作的药物,除具有止血的功能外,还有泻火、消炎、止痛等多种功用。明朝李时珍的《本草纲目》中，就有松烟墨能医治一些内科、妇产科、皮肤科、小儿科及五官科等疾病的记载。以墨为原料配量的药方就有十多种，这又为墨的应用开辟了新的领域。据说，当时的商贾兵戎虽不善舞文弄墨，但出家远行之时均多带墨锭，以备急用。

明代制墨业的空前繁荣，也造就了一大批能工巧匠。明末麻三衡《墨志》一书中，记载了当时徽州墨工有 120 家，形成了歙县以罗小华、程君房、方于鲁为代表的一大派别和休宁以汪中山、邵格之为代表的另一大派系，其中以歙派名声最大。罗小华为歙派制墨的著名代表人物，制墨技艺师古而不泥古，独具匠心，成功地以桐油烟制墨并杂以"金珠玉屑"，其质精良，为人称赞，名显墨坛。《歙县志》中载罗小华"墨坚如石，纹如犀，黑如漆，一螺值万钱"。嘉靖时，罗小华曾得到世宗的赏识，后依附严嵩、严世蕃父子，官至中书舍人，名声不好。因与世蕃诽谤时政，被捕入狱，同被诛杀。

到万历时，神宗尤喜罗墨，其墨"价逾拱璧"。据说，重仅一两的罗墨，则需马蹄银一斤。当时的内侍太监为讨皇帝的喜欢，竟不惜重金竞相购买，视罗墨如圭璧。当时的书画家董其昌在所著的《筠轩清秘录》中把罗墨列为当时众墨之首："我朝墨定当以罗小华鹿角胶为第一……方正、邵格之、方于鲁等，可供日用，不堪传世。"现北京故宫博物院藏有罗小华的圆式墨，直径 8 厘米，漱金已褪色。虽经历 400 余年，至今仍坚致如初，完好无缺，足见墨品名不虚传。制墨名匠程君房、方于鲁，当时可谓并驾齐驱。程君房是万历年间人，开创漆烟制墨妙法，精通各种配方，以生漆和油燃烧取烟，所取烟量虽少，但烟轻质细，色黑，经调试配制，墨精至上，传颂于世，当时曾作贡品进贡于神宗朱翊钧，并受皇帝嘉奖,被授为鸿胪寺序班。万历九年(1581),西洋传教士利玛窦来我国传教,程君房赠其比利时铜版画木刻摹本的"宝象图"四幅。此图被刊入《墨苑》书中,曾引起当时朝野人士的极大关注。当时书家邢侗曾说:程墨"入目色泽无异时工,磨而试之,勃然五色云起凤池之上,坚而能润,黝而有光。余求所谓舐笔不胶,入纸不晕,今始见之"。当时著名书画家董其昌则极力推崇程君房的玄元灵气墨,并说:"百年之后,无君房而有君房之墨,千年后之,无君房之墨而有君房之名。"1980年,山东临沂文物商店收到一块半斤重的程君房制的"紫微垣星图"的大墨,是研究程墨的最好实物材料。图10则是程君房制作的百牛图墨,是当时的

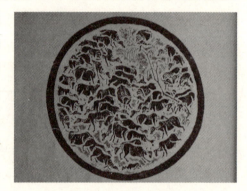

图10 明代程君房百牛图墨

贡墨之一种。另程君房还有百爵图墨等传世。制墨名工方于鲁,原为程君房家中墨工,深得其造墨法,娴熟制墨技艺,后程墨入宫廷受到皇帝嘉奖,方于鲁嫉妒在心,遂与程君房产生矛盾,便自行设肆经营制墨,大有分庭抗礼之势。方于鲁所造九玄三极墨,被誉为"前无古人"的佳墨,但他与程君房的相互倾轧,成为当时制墨业的一个丑闻。明麻三衡《墨志》、清姜绍书《韵石斋笔谈》等都有记载。

歙派中的潘一驹,也是当时制墨的佼佼者,以制集锦墨而著称当时,其墨质坚细,墨盒精美,虽从休宁派仿效而来,但大有"胜于蓝"之势,填补了歙派制作集锦墨的一项空白。

休宁派创始人之一的汪中山，是当时较著名的墨工，制墨技艺超群，墨料坚细，墨式方圆兼备，墨品名目繁多，具有独到之处，并开集锦墨之先河。制墨家邵格之、叶玄卿则是休宁派的主要代表之一。叶玄卿善制仿古墨，在众多的制墨家中独树一帜。另外，汪春元、汪鸿渐等也为当时名家。

明末歙人吴叔大，在各制墨派别以外独树一帜，在休宁设立了一家墨店，名曰玄粟斋，造墨皆仿古制。清邱学敏《百十二家墨录》中载："叔大名天琛，休宁人，制墨多仿古……其所仿雪堂义墨皆以天琛行。"所谓天琛，是仿汉、魏、六朝及唐宋名家墨的代表作而制成的上品墨。这种墨"黝兮如漆，坚兮如石"，墨式多种，有"龙香"古墨之喻。另一名品千秋光也是他的精心佳作，取其"垂以千秋，用光宝石"之意。现上海博物馆藏有吴叔大千秋光墨一锭。

明代造墨业继往开来，在制墨史上写有光辉的一页。明墨的传世，至今已如凤毛鳞角，极不多见，但明时有关墨的著录却相当丰富，如程君房的《墨苑》，于鲁的《墨谱》，方瑞生的《墨海》，万寿祺的《墨表》，沈继儒的《墨法集要》，麻三衡的《墨志》，项元汴的《蕉窗九录·墨录》等，以上这些著录在对墨的传播、制造以至后来对墨研究等方面，都具有珍贵的价值。

九、清代制墨业的起落

清朝政权确立后，在实行文化统治方面制定了许多相应的政策,诸如提倡文教,开科取士,特别是取消艺人工匠的服役制度,有力地促进了当时手工业生产的发展。制墨这一传统的技艺也呈现了一时的繁荣。到了光绪年间,由于帝国主义的入侵和上等的制墨原料大量出口,使当时的造墨业陷入颓然不振的境地,日趋衰落,直到解放后才逐步得以恢复、发展。

清代的徽墨最为著名,产墨的中心在徽州府的歙县(今安徽省黄山市歙县)、休宁(今安徽省黄山市休宁县)、婺源三县,因各有特色别具风范,形成了当时制墨业上的三大派别,出现了三足鼎立的局面。

歙县造墨名声为最,明时已声誉海内外,其典型产品的特色是大方文雅,装潢精美,质佳精绝。自清初以来,献给皇宫中的贡墨,多来源于此地。

休宁派也是在明代基础上发展而来的,家传师承,后继有人,所制之墨烟细胶轻,绚丽精美,墨式新奇多样,上面常饰以金银粉色,富丽堂皇,并较成功地继承了休宁派开创的成套丛墨的制作技艺,大有过之而无不及。这种雅俗共赏的休宁墨,深得一些富商和中、高层人士的欢迎,既可使用,又可成为收藏、欣赏的艺术品,但所制贡墨较少,和歙墨相比,望尘莫及。

婺源墨,在明时已崭露头角。婺源处于山区,多生长适宜做墨的松林,这一得天独厚的自然条件,使这里的制墨者蜂拥而起,多达上百家,且名手辈出支系众多。凭借自然条件的优势和熟练的制墨技艺,所做墨自产自销,省工价低,墨肆极为兴旺。此墨虽没有歙墨的大方和休派的精美,却有俗的风貌。这正是婺源墨与之分庭抗礼的优势。因婺源墨服务对象多为平民百姓,向来不为人所重,所以一些著录中很少记录,这不能不算是一大遗憾。今人周绍良《清代名墨谈丛》一书中,对婺源墨有一段较为详细的论述,并附有拓片,均是作者自藏和亲眼目睹的清代墨,既是研究婺源墨的少有资料,又是研究清代墨的极好材料。

徽墨三派均以自己独具的特色,在墨坛上相互辉映,相互补充,在我国制墨史上留下了浓浓的一笔。三派中制墨名家其知名度较高的见于记载的仍是歙派中的曹素功、汪近圣、汪节庵和休宁派中后起的胡开文四家,被称为清代四大制墨名家。婺源派的名家因少有记载而未有出名者。

居四大名家之首的曹素功(1615—1689),歙县岩镇人,晚年返回故乡,弃官经商,凭借明末休宁制墨家吴叔大的墨名、墨模,雇工设坊造墨,大张旗鼓地经营制墨业,恢复吴的玄粟斋墨名——因避康熙玄烨的"玄"字之讳,便更名为艺粟斋,立意创新,以独特的面目出现在制墨业的舞台上。一时间"天下之墨推歙州,歙州之墨推曹氏"的说法流传开来,简直达到登峰造极之地步。

曹素功制墨,以紫玉光墨为冠,历充贡品。曹氏《墨品赞》中说:"应运而生,玉浮紫光。名我陶糜,天下无双。"今传世紫玉光墨,以36锭墨组合而成为一套,画面以黄山36峰为表现主题,一墨一峰,一峰一奇,高低形态,细腻逼真,既可独立欣赏,又能合而通观,其背题诗句,质坚光莹,芬芳馥郁,堪称墨中之珍品。另有青麟髓及仿吴叔大墨制作的天瑞、千秋光等18种名墨。曹素功生产的青麟髓墨,扁圆柱形,通体漱金,一面凸雕盘螭,一面阴识填蓝,制作精美,甚显华贵,堪称上等的艺术珍墨。曹素功结交和来往密切的多是一些有权势的新贵官僚和文人名士,并为他们定版制墨,如当时曾为《红楼梦》作者曹雪芹的祖父曹寅定制兰台精英墨,为东阁大学士、书法家刘庸定制柳汀仙舫墨等,因此深得当时文人名士的敬重,多赠诗文墨迹以表诚意。曹素功曾辑刻成《曹氏墨林》一书,借以宣传,扩大影响。清光绪年间,著名画家任伯年曾亲手为徽歙曹素功尧千氏墨庄画了一套"名花十二客"的墨图,每锭一图,共 12 锭,影响很大。曹素功制墨业代代相传,子子孙孙,历经十三代,绵延 300 余年,影响至今。

稍晚于曹素功的著名墨家汪近圣,可算是一位后起之秀,他原是曹家作坊的一名墨工,康熙、雍正年间便另立门庭,在徽州府开设鉴古斋墨店,所制名墨有黄山图、织耕图、新安山水等多种,其墨造型别致,图案细致,雕绘精巧,堪称为清代精鉴墨的杰出代表。一时,汪氏之墨成为人们争相购求的紧俏墨品。其后世曾收汪氏父子之墨图辑为《鉴古斋墨薮》四卷。

汪节庵同样也是歙派中制墨的高手,其墨制品足可以和曹素功、汪近圣大家的制品相媲美,名气颇重。汪氏当时曾为文学家阮元定制过圆明园图墨,其墨料精坚而不渍,芳而能华,加之墨面为当时白描能手采岩设计,制作精工,阮元曾以此墨作为嘉庆年间第一流的贡墨。另曾为清梁同书定制过万杵膏墨,为邓廷桢定制过精选拜疏著书之墨。汪节庵为私家造墨较他家为最。著名的清代诗人袁枚以及汪心农用墨也多出自他之手。

乾隆年间,绩溪商人胡天注取"开文"二字作为店号,在休宁屯溪四处开设墨店,开场烧烟,精心于制墨业。他在造墨选料配方上极为讲究,操作技艺精益求精,所制墨品在同行业中出类拔萃,当时为休宁派中一魁,开辟了休宁派墨的新天地,使休宁派制墨处于黄金时期。胡家所制的苍佩室墨墨质优异,工艺精绝。由于胡开文子弟众多,分散经营,故发展迅速,到光绪时已在上海、杭州、苏州、武昌、沙市、广州等十多个城镇开设墨店,所制墨达 60 多个品种,行销全国广大地区,影响海外。1910 年胡开文墨曾获南洋劝业会金牌奖章,胡家墨店所生产的地球墨在 1915 年巴拿马万国博览会展出并获金质奖章。另有铭园图墨、棉花图墨、麝墨等,都是胡开文墨店的经意之作,不仅具有使用价值,还有较高的欣赏、收藏价值。辛亥革命胜利后,胡家墨店制造了纪念墨。墨正面上刻辛亥革命成功后的五色国旗,中有"纪念墨"隶书三字,下刻有一首藏头格诗:"胡越一家,开我民国,文德武功,造此幸福。"既热情赞颂了辛亥革命的丰功伟绩,又巧妙地将"胡开文造"分藏于诗句之首。其背面呈现出一幅革命军升旗庆祝胜利的场面,两侧刻印"中华民国元年"、"徽州休城胡开文按易水法制"的字样,以较小的墨面反映了中国人民反帝反封建的重大题材,此墨因充分显示当时刻工、诗文、画家、墨匠的高超技艺和水平,颇受收藏家珍爱。

清时的造墨业,不只在民间表现了繁荣的景象。在宫廷皇家也专有造墨的作坊,皇帝的御墨就是出于内务府造办处墨作所制。乾隆六年(1741),清廷曾向徽州征求技艺精湛的制墨名匠担任造墨教习,召至京城在御书处教习制墨。据汪氏《鉴古斋墨薮》中载汪近圣的次子汪唯高就曾应诏赴京,在宫廷做了教习,致使汪氏墨名更著。据说乾隆帝在位时,他还曾复制过云汉为章墨,而题"云汉为章,大清乾隆年制",背额横题"御用"二字,下书"淳化轩摹古宝墨",楷体字,墨身漆衣通体。清廷皇室造墨,自康熙到咸丰,历经六代皇帝,只是康熙、乾隆两朝较为兴盛。嘉庆元年仍耗资巨万,精雕六十四副"御园图"古墨模,足以看出当时制墨之盛况。从道光始,墨制粗糙,质量下降,真可谓俗不可耐。到咸丰时,皇室造墨一落千丈,加之内外震荡不安,清朝统治危在旦夕,内务府造办处墨作也随之销声匿迹。尽管清时皇室制墨起了一定的促进作用，但仍不能满足需要，据民国本《歙县志》载：安徽巡抚每年要向皇帝贡三次墨，可见皇宫需墨量之大。这样大规模的宫廷用墨也刺激了制墨业的向前发展。

　　清时的制墨业有一个显著特点，把创始于明朝末年的仿古墨的生产发扬光大起来，推向一个新的高度。朝着摆设、观赏和作馈赠礼品的方向发展，这种墨也称集锦墨，多是成套的仿古墨。最初，达官显贵们多喜以宫廷胜地，名阁学馆为题材，制成带雕刻的墨锭；后取材日益广泛，把山川风景、人情风俗以及著名书画家的字画诗词等也收入进来，作为制墨的图案；后再根据画面之要求，点金描家，使图案生动醒目，故也称为风景墨、诗画墨等，其墨造型繁多，形态各异，有扁、平、圆、方、锥体等多种。如一套已逾百余年的《西湖风景图》刻模，竟能制成40余锭，把苏堤、三潭印月、灵隐寺等美景都雕刻出来，所制之墨纹理细腻，形象逼真。其装潢更是讲究华丽，制成的集锦墨多用绫罗、绸、绢等丝织品包装，真可谓尽善尽美，成为一种独具特色的民族风格的工艺美术品。于是好墨便成了收藏的对象和馈赠亲友的礼品，清时收藏墨锭已成为当时文人墨客的一大嗜好和雅事。清梁同书爱墨成癖，所藏明古墨百余锭，可见藏墨之富；清宋牧仲以藏墨之多著称，并撰写《漫堂墨品》和《漫堂续墨品》，将所藏之墨从墨式花纹、诗画题记、名目年代到墨的重量、掌故轶闻等都有详录，成为清时较知名的藏墨家。另外清代还出现了许多关于藏墨的书籍，数量之多，前所未有。当时藏墨以明墨为贵，但也不乏收藏清墨的人士。这就对墨的生产等起到了一定的促进作用，更助长了当时制墨业朝着工艺美术方面发展的风气。

　　墨的作用不仅如此，清乾隆嘉庆年间，金石考古学大兴，访求椎拓古碑刻石成为时尚。椎拓时多用上等再和墨进行铺打，并美称为乌金拓。椎拓碑帖的大量出现，正是由于质精量广的墨来作坚强后盾，才使古代碑刻文字及书法艺术流传后世。

　　清时的制墨业开始本来很兴旺，经同治到光绪以后，整个制墨业处于低潮时期。由于墨质欠佳，写字画画又要先用墨块在砚上研磨，然后蘸笔书写，既繁琐不便又浪费时间。清同治年间江南谢松岱北上赴京赶考，应试时由于墨块质量较差、颜色灰暗、字迹不清，他重又磨墨，因时间已到未写完，结果名落孙山，功名无望。他痛感于科场研墨费时的不便，发愤制造一种既不用研磨又和研磨的墨水同等效果的墨汁。起初，他将墨块粉碎、浸泡后，兑水而成，端到科场外出售，深受人们的欢迎。1865年，谢松岱弃儒经商，开了一个专门经营墨汁的作坊，精心研究制墨的传统配方和制作技艺，独立生产制墨的主要原料——油烟、松烟，然后加上胶、芦盐等配料，经过反复试验，终于发明了直接生产墨汁的工艺，开创了我国制墨史上的新纪元，给书画艺苑带来极大方便。因墨块、墨汁同一渊源，谢松岱便写下一副对联："一艺足供天下用，得法多自古人书。"他的作坊也因此取名一得阁，并亲笔书写于门额。从此，人们所用墨汁即由此发祥。但光绪以后，由于帝国主义的入侵，制墨所用的漆和桐油大量被掠夺出口，造成了制墨原料紧张。同时美国向我国大量输入煤烟子作为制墨原料，所制之墨质量粗糙，墨色灰暗，易晕多败，只能作为普通的书写用料。一些高级用墨因原料不足，多缩小成本，粗制滥造，偷工减料，极不受书画家欢迎。这种状况一直延续了 50 多年，严重地阻碍了我国制墨业的发展。

十、解放后制墨业的迅速发展

我国制墨业历经千年的盛衰变化。解放后,从技绝人亡的边缘走上了新生的道路,并迅速得以复苏和发展,一个个规模较大的制墨厂,在解放前破烂不堪的旧摊子上建立起来,制墨技艺不断改进和提高,产量逐步增加,质量日渐提高,墨品日益丰富,行销海内外,受到普遍赞誉。

清代制墨的"四大名家",到后来仍有影响的只有曹素功、胡开文两家。具有300多年历史的曹素功墨庄,在手工业社会主义改造后焕发了青春。据穆孝天编著的《安徽文房四宝史》中载:"1956年曹素功墨庄的年产量已达到13700余公斤,打破了二十年来的最高纪录;1957年,这家由歙县而苏州再迁到上海的曹素功老店,又开始点火炼烟,恢复了高级墨的生产。"现在的上海徽歙曹素功墨厂就是在曹素功墨庄的基础上发展起来的。

上海徽歙曹素功墨厂所制之墨采用传统的配方,选料讲究,做工精细,墨质纯正,色泽黑润,泛有紫光,且坚而能润,香味醇浓,捺笔不胶,入纸不晕,宜书宜画,深受广大书画家的欢迎,并畅销日本、东南亚地区。另外,为了便利人们书写,上海徽歙曹素功墨厂除生产墨锭外,还大批量地生产使用方便的墨汁。"曹素功墨汁"就是该厂的代表产品,既可作书,又可绘画,深为人们所喜用。2010年上海世博会,曹素功墨庄传人打造一套世博纪念墨"百花齐放",一套四锭,每锭重62克,其图案清雅秀丽,生趣盎然,并以行、草、隶、篆书体书写了"理解、沟通、欢聚、合作"八字。这既是对上海世博会的美好祝愿,也是曹墨借助世博发扬光大的一个崭新契机。

皖南山城屯溪市的徽州胡开文墨厂,是 1956 年 1 月在屯溪市四家墨社(胡开文墨品工业社、日新化工厂、胡开文大记和胡开文仲记)的基础上联合成立的新型生产企业,当年墨产量已达到 15000 公斤,其中出口量已达到 1500 公斤,远销日本、东南亚地区。从此,这一具有历史价值的徽墨艺术获得了新生,在墨坛上重放异彩。

这个厂努力发掘传统配方,不断改进操作技艺,使墨的质量不断提高,式样繁多,造型优美,多达 700 多个品种。他们用生漆或桐油烟、金箔、冰片、麝香、猪胆等贵重原料、香料制作的高级漆烟徽墨色泽黑润,久不褪色,香味醇正,书写流利,不滞笔不晕纸,深受书画家们的欢迎。1986 年起,该厂在巨型墨的制作上也迈出了新的步伐。他们生产的杜秋娘墨属零锭墨,长 24 厘米,宽 14 厘米,厚 2.5 厘米,重达 875 克。这样的大墨实属罕见,在全国曾轰动一时,这又把徽墨的生产推向一个新的高度。1987 年 2 月,我国当时最大的巨型徽墨又在徽州胡开文墨厂诞生,这一"墨王"是采用松烟原料经模压制作而成,长 50 厘米,宽 15.5 厘米,厚 5 厘米,重量已达 6000 克。墨的正反面采用了清郑板桥的手迹,正面为"徽墨名天下",反面为"胡开文书画神品",凹体填金,光彩夺目,令人叹为观止,堪称艺术珍品。2001年,为适应市场经济,屯溪政府将该厂改为民营企业。我们相信这一具有悠久历史、富有徽文化底蕴的胡开文墨厂,在新世纪定将再创辉煌。

徽州胡开文墨厂,除能生产著名的骊龙珠、古隃糜、万寿图等著名的零锭古墨,还能生产具有装饰性的御园图、苍云奇珍等集锦丛墨。1987 年又推出新产品五彩墨,具有红、蓝、绿、白、黄五种不同的色彩,主要供绘画之用。这种墨黏性较大,据说用此绘画,五六百年可不掉色,一旦批量生产,一定会受到画家们的欢迎。另安徽芜湖胡开文墨厂,1987年在国内首次研制成一种最新式的书画软墨膏,已通过质量验收合格。书画家试用后一致认为,这是一种携带方便,适于旅游外出的较理想的书画用墨。1988年,安徽旌德县胡开文墨厂又推出一种含有熊胆、麝香等24种名贵中药材精制而成的五胆八宝药墨。这一传统产品具有消炎解毒、止血祛痛、降压镇惊等治疗功效。药墨的问世,为墨的应用拓展出更宽广的道路,并受到医务人员及患者的欢迎。

值得一提的是安徽绩溪胡开文墨厂,为适应近年来兴起的旅游热,制造出100多种很有艺术欣赏价值的纪念墨品,有仿古套墨,如八仙图墨、金陵十二钗墨等,个个造型精美,栩栩如生;有立体墨,如寿星墨、圣诞老人墨,以及动物类,形态各具,雕绘细致。这些墨在形制上脱离了长、方、圆较为呆板的模式,改为因形制墨,形神俱肖。

以生产独特产品墨汁而闻名的北京一得阁,创建于北京的文化街琉璃厂,现今门面仍留有谢松岱当年题写的匾额"一得阁"。这个具有140年历史的老字号,曾先后在天津、上海、西安、郑州等地设立分厂,产量由解放初期的每年只能生产墨汁1万瓶左右,到1987年已达1200万瓶。

一得阁墨汁厂在继承发扬传统配方和制作技艺的基础上,采用现代较为先进的技术和新工艺,制定出更加科学的配制方法,用精工挑选的四川自贡生产的优质色素炭黑作主要原料,加入动物胶和麝香、冰片等高级上等香料配制。其制墨方法一改过去人工研磨的笨重劳动,而用电动机器研磨;装灌墨汁也实现了管道化,这样极大地提高了墨汁的生产效率和墨的质量。此外墨汁的包装也由过去的玻璃瓶改为塑料瓶,外有古雅的装潢并印有书画家的题词绘画,给人一种较为雅致的感觉。1981年,一得阁墨汁厂又设计了一种仿古青花瓷瓶装,式样古雅,美观精致,深得书画家们的欢迎和喜爱。2004 年该厂更名为一得阁墨业有限公司,2012 年获中国轻工业质量效益先进企业特别奖。今天的一得阁在全国建有分布很广的销售网,国内市场的占有率占 84%,年销售额 1800 万元。

由于古代墨传世很少,收藏古墨实为不易。我国著名教育家、藏墨大家张子高专收文人自娱墨,三十年间,收藏近千锭墨,其中有不少是较为稀少而珍贵的明清墨,1948 年曾在天津《民国日报》上连载《墨苑杂说》的长篇文章,对墨的研究有很深的造诣和独到之处。1975 年他曾同叶巷绰、张绚伯、尹润生三位藏墨家一起出版了《四家藏墨图录》,收藏极富,范围很广,记载详尽,考证确凿,图文并茂,是一部难得的近代墨录佳作,深为国内古墨收藏家所关注。此书为研究古墨的演变提供了丰富的资料,有很大的参考价值。1973 年,张子高把毕生收集的珍贵古墨及有关著录全部捐献给了北京故宫博物院。

第三章　纸

　　纸是人类必不可少的重要书写材料,也是文房四宝之一,和印刷术、指南针、火药并称为我国古代四大发明。纸的创造和运用,不只为我国文化的延续、繁荣和发展提供了重要的物质条件,同时也为世界文化的传播交流起到了极大的促进作用。其影响打破了时空的局限、国域的界限,这是中华民族对世界文明所作出的引以为豪的卓越贡献。

　　纸的问世是我国文化史上的大事,作为集纳书画艺术的载体,对笔、墨的变化和意境的发挥起了很大的作用。历代书画家运用它进行书法绘画,使之成为较宝贵的珍品墨迹保留下来;文献著作用它印刷出版而使之广为流传。随着科学技术日新月异的发展变化,纸的运用又注入了新的活力。它跨越了文化生活的范畴,又以特定的用途进入工业、军事等领域,显示了更为广阔的未来。

　　纸的种类很多,按其用途,除书画用纸外,主要分为印刷纸、包装纸、工业技术用纸以及提供加工用的原始纸等类。按其重量分类:一般规定每平方米重200克以下的称为"纸",每平方米达200克左右的可分为厚纸、卡纸或薄纸板。各种纸张又根据使用的特殊需要,具有不同的特性和平滑、粗糙、透明的表面。总之,纸在人类生活中越来越显示出举足轻重的作用。

一、我国古代的书写材料

在造纸术发明以前,我们的祖先就经历了漫长的没有纸的岁月。远古的时候,人们在生活实践中创造了语言,以此交流思想,传播经验。随着时间的延长,这种简单的"传说"方法,已难以容纳和确保人类生活知识经验的多样性、准确性和连续性,于是出现了"结绳记事"、"刻木记事"的简单方法。《易·系辞》中载:"上古结绳而治。"这一史实说明了结绳和刻木已作为记事的载体,同时又给后世出现的图画文字刻画材料的问世提供了较为直接的宝贵经验。

新石器时代,居住在陕西西安半坡村的先民们就已在陶器上彩绘和刻画许多类似文字的图画,始创了华夏灿烂古老的文化。1952年,在西安半坡村遗址中,就发现了当时人们在陶窑里烧制盛水、煮食物的各种器皿,其上多刻画几十种不同的符号。这种简单的刻画符号被认为是我国原始文字的少数遗存,这些陶质的器皿,便是我国最早的书写材料和文字载体,距今已有6000余年。它虽不能和后世作为文字载体的纸同日而语,却有某些相似的意义。

到了3500多年前的殷商时代,逐步定型和较有规律的文字被镌刻在龟甲(乌龟的背部和腹部硬壳)、兽骨(牛、羊、猪、鹿

等兽类的肩胛骨）上（如图
11）。这一书写材料的应
用，比在陶坯上写画，再经
烧制而成的图画文字节省
了时间，加快了使用周期，
书写起来较为随意方便。
至今在一些甲骨上仍可以
看出用笔直接书刻的墨字
画迹。这一发明冲破和克
服了陶器狭小的局限性和
书写的困难性，为书写大量
的文字提供了广阔的天地。
在龟甲兽骨作为书写材料

图 11　殷商武丁时期牛肋骨刻辞

行世的商周时代，还有以青铜金属质地作为文字的载体流行。
因铸刻在青铜器上，故称为金文、吉金文等。清道光末年在陕西
省岐山出土的西周宣王（前 827—前 782）时的毛公鼎，其铭文长
达 497 字，笔法精严，结体瘦劲，被视为金文中的瑰宝。春秋战
国时期，盛行在石头上写刻文字的风气。《墨子》中有"镂于金
石"的话，就是指的这种史实。唐初在陕西岐州雍县南发现了春
秋战国之间的石鼓文，就是当时以石质材料作为文字载体的最
有力的注脚。这种刻石文字犹如镂铁，笔画劲直，端姿匀称，多
达 600 余字，被历代书家奉为圭臬，在我国书法篆刻史上占有十
分重要的地位。鉴于刻石的艰辛，当时已出现了直接以石头作
为书写材料的现象。1965 年，在山西省侯马晋国遗址中出土了
一批春秋晚期的石片、玉片，上面很多都写有朱墨的毛笔字。经
专家考证，现能认读的已达 600 多件。

随着社会的不断发展,知识也不断延伸和更新,文字的使用也愈加广泛,由于作为书写材料的甲骨得之不易和金属、石头刻画困难,很难承担起历史所赋予的重任,于是人们在长期的实践中发现并利用了竹木为质地的新型书写材料,用毛笔蘸墨在其上直接书写。这种用来书写文字的竹、木片取材容易,价格低廉,制作简单,书写方便,易于保管,具备了笨重的甲骨、石、金属等书写材料所没有的优点,盛行于战国至魏晋时期。最早的实物证明,战国时期多以竹简为主要书写材料,秦及西汉初年也不乏竹简行世。木简仅出在西北边陲,多为汉时遗物。1979 年在甘肃敦煌地区出土的汉代书写墨字的木简册,书写规范,编册细致,为当时较好的代纸材料,故有"西北汉简"之称,可见竹木片的使用有明显的时代特点和区域特征。

这种竹、木质书写材料,在古籍记载中名目繁多,如木质书写材料称为木简、木牍、板牍;稍宽的长方形的木片称为方或木方;不经编结成册的称简牍;竹质的书写材料称为竹简;长度不足尺的称牒或札;将简用麻丝(一般为牛皮、兽皮)编缀连接一起又称为策或简策,现已通用为册;用熟牛皮条把竹木简连接在一起的又称韦编。这如此多的称谓,就其质料来讲,无非竹木而已。

简的广泛应用,使之逐渐形成较规则的书写材料,因书写内容及用途的不同,规格不一,长短有别。写诏书律令及记录囚犯口供及治狱宣布罪状的简牍长达 3 尺(约 67.5 厘米),所以古时有"三尺法"、"三尺律"之称;抄写经书的长 2 尺 4 寸(约 56 厘米);民间写信用的长 1 尺(约 23 厘米)。1975 年在湖北云梦睡虎地一座秦墓中曾发掘出一片完好无损,长 23.1 厘米(正合秦制 1 尺)的木牍家信,正反面均用毛笔蘸墨书写,共 200 余字。

据考证,记载的是秦兵"黑夫"和"惊"兄弟二人,从湖北来河南淮阴从军,写信向家乡(云梦地区)的母亲要布和钱做衣服的事。从此可以看出,当时用简写字已有相当严格的规定和普遍性。此物已成为我国现存最早的家信实物。

竹木简,这一新生的书写材料,曾风行了相当长的一个历史时期,占据着书写领域的统治地位。但是,竹木简也具有很大的局限性。《庄子·天下》篇中"惠施多方,其书五车",就是说战国时的哲学家、名家代表惠施旅行时,用五辆车子满装着随身带的书籍,可见其行动的困难,后世以学富五车代指学问的渊博。《史记·孙子世家》篇中"孔子晚而喜《易》……读《易》,韦编三绝",就是说孔子喜诵《周易》一书,把连接简策的皮带翻断了好多次,由此可看出孔子对此书的偏爱和精勤读书的精神,同时可以看出,由于简策的笨重给阅读、移动带来了极大的不便。一枚简可写 8 至 14 个字,一篇文章需要好多简才能完成。据说秦始皇在位时,每天批阅写在竹简和木片上的文书就有 120 斤重。西汉的时候,文学家东方朔刚到长安时,为献策于汉武帝写了一篇文章,竟用了 3000 片竹简,由两名颇有气力的武壮士吃力地抬进宫去。汉武帝把一片片竹简读完看毕,整整用了两个月的时间。从这些广为人知的记载中可以看出,竹木简牍远远不能满足人们日益增长的文化需要和社会发展需要。虽说比甲骨易得,但给人们带来许多不便,因而和甲骨一样也将退出书写的历史舞台。

这一时期的书写材料,除普遍使用竹木之外,一种以蚕茧丝制作的丝织品——帛(生帛称绡、素、绢、绹;熟帛称为练;双丝的细绢又叫缣,故有缣帛一说),已崭露头角,并在一部分人中间开始流行。它以质细量轻、携带方便、易于笔墨而被引为书写材

图 12　汉代帛书残片

料。《墨子》书中说："书之竹帛，传遗后世子孙。"《吕氏春秋》中说："故使庄王功绩著于竹帛，传乎后世。"这说明缣帛在春秋战国时期也是常被当作书写材料的。随着出土实物的不断发现，使我们看到了以帛为书写材料的第一手证据。1942 年 9 月在湖南长沙东郊发掘的战国楚墓中就发现了帛写书，1949 年 2 月在湖南长沙一处战国楚墓中发现了帛画。1973 年底，在湖南长沙马王堆三号汉墓中，发现了大量的帛书（如图 12）。书写用的帛，质地均是生丝织成的细绢，这充分表明了在战

国时代，帛已作为书画材料广泛应用了，至少是在达官贵人、士大夫中间广为流行。对于用作书写材料的缣帛，古人也多称之为纸。《后汉书·蔡伦传》中说："自古书契多编以竹简，其用缣帛者谓之纸。"《晋书》中说："古之素帛，依旧长短，随事截绢，枚数重沓，即名幡纸。"可见当时古人曾将缣帛称为纸。这种纸的概念和以后丝絮纸的概念已较接近，但和后世用纸浆而抄造成的纸的概念，却失之千里。

因帛质软，较为平整，书写文字可随意自裁，又易于折卷成束，便利展阅，为当时一种较为高雅的书写材料。所以帛书盛行

以后,"卷"也就成了书籍的量词和计算书中内容的单位,逐渐代替了古人以"篇"作为文章的计算单位,一卷大体相当于简单的一篇或几篇,所以书籍称"卷"即由此而来。

在长达几百年的时间里,竹木简和缣帛一起担起纸的神圣使命,不仅记录了当时社会的政治、经济、文化、科技和民族风俗等的重要情况,而且为后人提供了极为丰富的历史资料,展现了一幅社会发展的兴衰历史,同时为文化的发展、传播起了不可估量的作用。但是,因为价格昂贵,风靡一时的缣帛也没能取代竹木简,反而同竹木简一起被纸所代替。

二、两汉纤维纸的问世

西汉前期几代皇帝都注意劝民农桑,使得当时丝织业有了较大的发展。汉武帝时,张骞出使西域,曾带去了大量的丝织品,开辟了传之千古的丝绸之路。丝织品在当时除供人们衣着使用和对外交流外,还多用其作为字、画的书写材料。1971 年到 1974 年间,我国考古工作者在湖南长沙发掘的西汉墓中发现了两件五尺多长的彩色帛画和总字数达 12 万之多的 20 多种帛书等。这些帛书多数都是横摊着写的,有的上面用红色的朱砂画着上下边栏,两行字中间还画着直线。这样有红线格的绢纸,古人称之为朱丝栏。这是为了字体工整美观,排列均匀,先画好框再写字,可见这时的绢帛使用较之春秋战国更为讲究。你看那白色帛底,画着红色的线条,衬着黑色的字迹,朱墨灿烂,黑白殊悬,阅读起来清晰明目。从上述可以看出,西汉时缣帛等一类丝织品在各方面发挥着重要作用,也可以看出当时丝织品用量增大。我国富有创造性的先民们在缲取丝绵的生产实践中,已注意到利用漂丝后的余物加工制纸,这种纸被称为丝绵纸、丝絮纸。其制造方法:先把蚕茧煮后,放到预先准备好的席上或竹帘上,浸入水中,再把浸泡后的蚕茧反复捶打,使茧丝蓬松敞开,成为丝绵,而后提取完整的丝绵丝帛制绢。其席上残留部分丝絮,待干后剥脱下来,即成为一层均匀的丝絮片,人们将这些废物稍经加工,就制成了易着笔墨的丝絮纸。它和古埃及的莎草纸,古墨西哥的阿玛特纸一起,被誉为世界三大古纸。

丝絮纸在西汉时已被人们使用,《三辅旧事》中说:征和二年(前91),有一次汉武帝生病,卫太子刘据进宫探望,因自己鼻子长得太大,又得知皇帝极厌恶这种丑相,无奈"以纸蔽其鼻"。《汉书·外戚传》中载:"武(籍武)发箧中,有裹药二枚,赫蹄书。"东汉时应劭把"赫蹄"解释为"薄小纸也"。可见西汉宫中使用此纸已相当普遍,并用来包盛药物。据说这种赫蹄小纸,即丝絮所制。

丝絮纸与我们现在所说的纸——植物纤维纸不同,其制作方法也较为原始、简单、笨拙,却为利用植物纤维造纸提供了经验。因其原料不易得,故不能大量生产,难以满足当时文化发展的需要。西汉时,植物纤维纸脱颖而出。1957年5月,灞桥西汉纸在陕西省西安市东郊灞桥地区汉墓中发掘出来,纸面呈米黄色,共88片,尺寸大小不等,最大的为"10×10"平方厘米,最小的"3×4"平方厘米,厚度是0.131—0.153厘米(平均0.139厘米)。经实验表明,成分以大麻为主,内含少量苎麻。经技术测定,制作年代在汉武帝刘彻时(前156—前87),其实物现分存于中国历史博物馆和陕西省博物馆等处。目前我国许多工具书、大中学语文课本、历史教材以及书刊中都以灞桥西汉纸作为我国甚至世界上现存最早的植物纤维纸。当然,此说在学术界尚有争论,但是,我们不能因此否定西汉时纸的存在。唐张怀瓘《书断》中说:"汉初,有纸代简。"说明在汉初就已有纸张的生产。古籍记载如此,到了近代,随着考古事业的发展,西汉时的古纸也时有发现。

早在1933年,考古学家黄文弼在新疆罗布淖尔的汉代烽燧遗址中,就发现了一片西汉宣帝年间(前73—前49)的白色麻纸残片,因其发掘地而命名为罗布淖尔纸。全纸约长10厘米,宽4厘米,纸质粗糙面不匀净,纸面仍显露未捣碎的麻筋,原纸20世纪30年代毁于兵火,现只存有原纸照片。根据同墓出土的木简,经测定为公元前49年左右的遗物。

到了20世纪70年代,我国有两次重大的古纸发现。1973年至1974年,甘肃居延考古队在居延地区北额济纳河汉代遗址中出土了两张麻纸残片,其中一张色较暗黄,长为11厘米,宽为9厘米,纸质含有麻筋、线头和碎麻布块,较为疏松;另一张色泽较白,长为19厘米,宽为12厘米。当时已揉成团状,其纸质细密、薄而匀,纸面已有正反之分,一面平整、光滑,一面毛而发涩。经科学鉴定,只有唯一的一种大麻纤维。两张麻纸的年代,一为宣帝甘露二年(前52),一为哀帝建平(前6—前3)以前。因出土于金关故地,而命名为金关纸。1978年底,在陕西省扶风县太白公社长命寺大队中颜生产队一处西汉窖藏中,发现了三张麻纸,较淡黄,且间白色,并有一定的光泽和韧性,经专门科学鉴定,制作年代也是宣帝时产品,被命名为中颜纸。

上述我国西北地区发掘出土的西汉纸,充分证明了这一时期的造纸术已有一定水准。尽管产量不大，质量粗拙，但已开启我国以及世界上利用植物纤维造纸的先河，为人类书写材料的更新创造了良好的开端。但有一个不可否定的事实，截至目前所发现的西汉纸，确实未见文字墨迹。究其原因，是由于制作原料单一，做工简陋，纸质粗糙，纤维组织松散，分布也不均匀，尚不能作为实用的书写材料。因此在纸发明相当长的一个历史时期，还是难以代替竹木、缣帛。这也是西汉纸多不见史传的一个重要原因。

西汉纸尽管难于用作书写，在军事中却较早地发挥了作用。据宋代高承《事物记原》中载，公元前 203 年，张良围困项羽于垓下时，曾以纸制风筝为信号，指挥各路军马进攻。项羽无奈，南逃乌江边，拔剑自刎。

西汉时纸的运用曾为今日影戏的形成开了生面。起初以纸剪成侧面人影，以光照映影，后逐渐以半透明驴皮、羊皮所代替，现在湖南、青海等地仍用纸影做戏。据《汉书·李夫人传》记载，汉武帝宠妃李夫人病逝，武帝悲哀思念，为了解除武帝的思念之情，术士李少翁用纸剪雕成李夫人的形象，设于帐内，每每晚间帐内燃灯，影映于帐。武帝在帐前观看，仿佛看到爱妃的影子在帐内活动，借此得以安慰。《汉书·外戚传》中还记载汉武帝见影后曾作诗："是耶，非耶？立而望之，偏何姗姗其来迟。"这便是纸在艺术上的最早运用。宋代耐得翁《都城纪胜》中记载："凡影戏乃京师人初以素纸雕镞。"说明纸在人们生活中已被巧妙地运用并显露出艺术性。

西汉纸是我国植物纤维造纸的初创时期，处于纸的雏形阶段，固然有许多不完善之处，但为后来能书写文字的纸的产生开创了范例。

到了东汉前期,古籍中已有纸的记载,并作为书写材料和竹木简牍、缣帛相提并论。东汉应劭《风俗通义》中载,东汉武帝从长安迁都洛阳,载素、简、纸书约两千车。《后汉书·儒林传》中也有同样记载,可见东汉时用纸已正式进入书写领域。但当时对纸的使用,起初不易被人接受,在士大夫中仍被认为是一种不高雅的书写材料,多为家中贫困者及下层人士使用。后汉书法家崔瑗(77—142)在给友人的信中说:"今遣送《许子》十卷,贫不及素,但以纸耳。"从此可知当时帛贵纸贱。但随着生产的发展和各地区、各民族之间政治、经济联系的加强,文化事业也蓬勃发展起来,繁重的竹、木简和价格昂贵的缣帛越来越不适应书写的需要,人们对纸的需求越来越显得迫切。"蔡伦造纸"的故事,就出现在这一时期。

蔡伦,字敬仲,东汉时桂阳郡(今湖南耒阳市)人,十几岁时入宫做了宦官,和帝时被任用为中常侍。后任尚方令的官职,主持皇宫中制造御用器物的手工作坊。在这特定的环境中,他担当起改造造纸术的重任。南朝范晔《后汉书·蔡伦传》中说:"缣贵而简重,并不便于人。伦乃造意,用树肤、麻头及敝布、渔网以为纸。"蔡伦始将树皮、废麻头、破布、烂渔网用清水浸泡,除去杂质后,经切碎、蒸煮、舂碎成浆状物,配以浆液,上筛过滤,漏去水分,压平晾干,制作成纸。其纸细密、体轻、质薄、均匀,有韧性,价廉耐用,易于书写。蔡伦还根据原料的不同,制作出多种纸张。汉班固《东观汉记》中载:"伦典尚方作纸,用故麻造者谓之麻纸,用木皮名谷纸;用故渔网名网纸。"第一批良纸造出后,蔡伦很快奏明皇上,得到汉和帝的赞扬。《后汉书·蔡伦传》中载:"元兴元年(105),奏上之,帝善其能,自是莫不从焉,故天下咸称蔡侯纸。"从此,蔡伦的造纸术闻名国内,被逐步推广开来。据民间传说,蔡伦的嫂子慧娘闻听其弟造纸有方,便做起了生财之梦,于是授意丈夫蔡莫跟蔡伦学造纸,三个月后回家开办了造纸作坊,以经营纸张赚钱,但因纸质粗糙,满屋纸捆卖不出去。慧娘灵机一动,计上心来,自己假装气死,让蔡莫佯哭烧纸,慧娘在棺内大嚷:"阴间钱能退四海,纸在阴间做买卖。不是丈夫把纸烧,谁肯放我回家来。"在场围观的群众一听,纸竟有这样大的神通,能起死回生,都纷纷掏钱向蔡莫买纸。积压的纸张很快销售一空。时至今日民间还流传着给死人烧纸的习俗,其意只不过对死者表示哀悼罢了。这一传说是否属实无需论证,但从另一方面说明了当时民间造纸和用纸的普遍性。

蔡伦以先进的造纸术和优质的纸张赢得了人们的信任、皇帝的嘉奖,被后人尊为我国造纸的祖师。又因他在汉安帝元初元年(114)受封为龙亭侯,故所造的纸张又称为蔡侯纸。后人为纪念蔡伦的功绩,在湖南耒阳县城东南(传为蔡伦故宅旁)修建了一座蔡侯祠。祠前有一水池长约 100 米,宽约 50 米,传为蔡伦当年漂洗纸张和洗刷造纸用具的地方,故被命名为蔡子池。池旁有一石鼎,立于一座六角木亭中央,鼎高两米,是用整块巨石雕凿而成,人称玉鼎,也传为是蔡伦当年舂碎造纸原料的石臼。郭沫若生前曾在蔡伦墓前牌木方额上题写了"蔡伦之墓"四个字,以示敬仰。

人们曾把蔡伦献纸给皇帝的时间(105)作为我国造纸术的开端,这是不符合事实的。上述的发现和出土文物的研究,充分证明早在蔡伦以前纸就制造出来了。这一观点,也反映在许多古人著录中。宋陈槱《负暄野录》中说:"盖纸,旧亦有之,特蔡伦善造尔,非创也。"北宋司马光《资治通鉴》的注中对此更作了肯定的回答:"俗以为纸始于蔡伦,非也。"汉和帝永元十四年

(102)，邓皇后竟禁绝各郡国进珍玩，但令供纸、墨。这记载如属实的话，也比蔡伦纸早三四年。但蔡伦与纸又不无关系，过去人们说"恬笔伦纸"，把"伦纸"作为当时的名优产品，这是比较符合历史事实的。发明固然不易，但改革也是难能可贵的，蔡伦总结劳动人民的经验，利用自己的才智和官职，改进、创新了造纸技术，利用植物纤维造出了用于文字书写的优质纸张，对我国文化和世界文化发展交流做出了巨大的贡献，同时为纸的大规模生产和推广使用开辟了广阔的道路。从这一点上讲，说他是造纸术的发明者，也并不过分。

由于蔡伦改进造纸原料和造纸工艺，纸的成本降低了，纸的质量提高了，而且原料易得，价格低廉，纸的产量也大大增加，纸的使用逐步深入到人们的文化生活中去。唐张怀瓘《书断》中说："汉兴用纸代简，至和帝蔡伦工为之。"可见这时纸已取代了部分简牍，进入了书写领域。汉章帝曾赐给当时的经学家、天文学家贾逵用竹简和纸写的《春秋左传》各一套。

本世纪以来，随着出土文物的增多，东汉字纸残片也被先后发现。1942年在内蒙额济纳河沿岸古烽燧遗址中，发现一张揉成团状的纸，展开纸团，上面写有六七行行书墨迹。经专门鉴定其为东汉纸，制造年代差不多和蔡伦同时。1974年1月在甘肃省武威县南十公里旱滩坡东汉晚期墓葬里，也发现写有不明显隶书墨迹的麻类纤维纸片。其中一张纸片因年代久远，纸质老化而脆硬，纸色变为淡褐色。同墓中出土的另两张纸质柔软平滑、细薄紧密而呈白色。

1987年10月中旬，甘肃省兰州市博物馆工作人员在本市伏龙坪一座东汉墓葬里，发现了三块直径1.7厘米的圆形纸张，距今已有1700多年的历史。原纸叠放在一面铜镜中，除一块破碎外,另外两块保存完好,纸面呈白色,厚薄均匀,软绵且有韧性,纸上有明显的墨书字迹,书体介于隶楷之间,字迹清晰可辨。这是东汉纸自发现以来在质量上、保存完好程度上最理想的一次重大发现,使人们有幸一睹一千多年前蔡伦时代纸的真面目。

这些东汉纸的实物发现,确比西汉纸有了明显的进步,大多数纸都有墨迹文字,有的是诗抄,也有的为日常文书,其纸质也较紧密。这就更充分地说明了纸在东汉时,就已较普遍地被人们当作理想的书写用品了。

到了安帝刘祜(107—125)时,东汉政治腐败,宦官和外戚轮流执政,内部矛盾重重,互相倾轧。蔡伦于建光元年(121)服毒自杀而死。其后约 80 年,即东汉献帝(190—220)时期造纸技术有了进一步的发展,并涌现了许多造纸能手。当时不但工匠造纸,就是书法家也兼能造纸,左伯就是继蔡伦后又一位造纸改革家。其人生卒年月不详,字子邑,东汉东莱(今山东莱州市)人,善书兼能造纸。左伯对以往的造纸方法作了广泛的改进,进一步提高了造纸技术和纸张质量。造出的纸洁白、细腻、柔软、匀密、色泽光亮,纸质尤妙,世称左伯纸,不仅名重当时,而且影响魏晋,深得书画家所喜爱。东莱一带在当时已成为生产好纸的重要产地,五色花笺纸就出在此地。南朝徐陵《玉台新咏》序中说:"五色花笺,河北、胶东之纸。"笺,指信纸。花笺,就是由一种小幅的精制华贵的纸张制成并饰有花纹的专用信纸。从此可看出这时造纸的技术已达到相当高的水平,这也是我国用纸传递信息的最早纪录。唐徐坚《初学记》中载,东汉建安十一年(206),曹操曾明令主事者每月给其部属有关人员"纸函各一",其意记载战斗等事的得失。"纸书函封"报呈览阅,不愧为考察部属的良策,这也是笺纸在军营中较大范围的使用。

清末,英国人斯坦因在西北大漠中曾发现九封粟特文残信,均为麻纸,同时还有九封纸制信函。和这些信一起发现的木简上所写日期证实,该纸是东汉末年的遗物,最晚为公元137年。可见当时这种用于书写的纸不光在中原地区流行,而且在当时边远地区(今甘肃一带)各民族中也已较多地使用。

正是由于东汉时的造纸工艺有了重大的发展,纸的质量有了突破性的提高,对书法艺术的发展提供了物质保障,使笔墨发挥了滋润、圆转的特长,改变了帛简的局限,同时为帖的产生准备了条件。东汉时,书法艺术已受到社会高度重视,士大夫中以收藏书家手迹(小件篇幅的书迹、信札一类)为时尚,以供欣赏学习之用。这种小型纸张的名家墨迹,形成了后来的帖。

三、魏晋南北朝时造纸术的外传

魏晋南北朝共361年,在这段动荡的历史时期,出现了各族人民在语言、思想上的大融合,文化艺术上的大传播,书画艺人层出不穷,诸多艺术齐头并进的繁荣昌盛局面,造纸技术也得到空前的发展,纸也得以广泛地应用。此时,首开我国造纸术外传的新纪元。

自蔡伦造出优质纸后,到被社会正式承认以至广泛使用开来,经历了一段相当长的时期。魏时士大夫贵族阶层中仍然存在着"贵素贱纸"的风气,但用纸著书、抄书的事却越来越多。南朝宋时裴松之注《三国志》中引载:"帝以素书所著《典论》及诗赋饷孙权，又以纸写一通与张昭。"可见当时魏文帝曹丕曾用纸抄写《典论》送人。当时的书家也多以麻纸书写。

　　自晋以后，创造了在帘床上可移动的竹帘捞纸的造纸新设备，造纸原料也逐渐增多，有力地促进了纸产量和质量的不断提高。晋时南北分而治之，故晋纸也有南北区域之别。因当时用竹帘造纸，纸呈现明显的纹路，故称帘纹纸。据说北方用横帘造纸，纸呈横纹；南方则用竖帘造纸，纸出现竖纹。宋赵希鹄《洞天清录·古翰墨真迹辨》中载："北纸用横帘造，纸纹必横，又其质松而厚……南纸用竖帘，纹必竖。"有人以此作为鉴别两晋时纸张的根据，但横竖纹之分的实物至今仍未见到。帘纹纸至今仍被人们所效仿。当时南方还有一种以纸的纹路来命名的侧理纸，以丰富的水苔（水草）制作而成，故称为苔纸或苔笺；又因其纸面上纹理纵横交接，斜侧错落，也称为侧理纸；又因水苔别名为陟厘，故又称陟厘纸。其纸被当时宫廷所用，并作为皇帝的赐物。北宋诗人、书法家黄庭坚《李君贶借示其祖西台学士草圣并书帖一编二轴，以诗还之》中就有"侧厘数幅冰不及，字体欹倾墨犹湿"的诗句，赞扬在侧理纸上所写的字跌宕起伏，墨纸俱佳。

　　晋时在剡县（今浙江嵊州市）剡溪（即曹娥江上游）长达四五百里地段，生长着一种茎不能直立、匍匐于地或攀附他物的野生植物野藤，当地人便以藤皮作为造纸原料，又利用清澈的溪水，制出的纸张匀细光滑、洁白如玉，因而有"剡纸光如月"的美誉，著名当时；又因是以剡溪古藤作纸，故称为剡藤纸或剡纸；又因制作方法和用原料等的不同，而名目各异。据《江南志书》载："剡溪纸名擅天下，或凡五：用木椎椎治，坚滑光白者曰硾笺，润如玉者曰玉版笺，用南唐澄心堂纸样者曰澄心堂纸，用蜀人鱼子笺法曰粉云罗笺，造用冬水佳，敲冰为之曰敲冰纸。"这是西晋时始用树皮造纸最为考究的一个品类。西晋张华《博物志》中记载:"范宁令属官说:'土纸不可作文书,皆令藤角纸。'"藤角纸就是藤纸,据此可知当时纸质较佳的藤纸已取代土纸(即草纸)的地位,并成为当时学校师生的专用纸,有力地表明了南方造纸术的进步。南齐书家王僧虔《笔意赞》中称赞剡纸易墨,以后历代诗人多喜欢以藤纸入诗,极加赞美。剡纸生产一直延续到唐宋时代,其后为兴起的竹纸所取代。

当时的古郡东阳(今浙江东阳市)生产一种鱼卵纸,又称鱼笺。其纸柔软,光滑洁净,深受当时书家所喜爱。晋卫夫人《笔阵图》中载:"纸取东阳鱼卵,虚柔滑净者。"表现了时人对鱼卵纸的赞誉。

晋时,江南一带得到进一步开发,大片肥沃的土地被开垦种植,加之南方雨水多、河流多、气温较湿和的特点,许多地方种植水稻和小麦。当地人便始以稻草、麦秆纤维造纸。这种纸呈黄色,质地较为粗糙,难以用作书写,多用以包装或供卫生之用。因取草本植物为原料,故称为草纸,也有人称为土纸。这种纸资源丰富,取料易得,中含纤维短而细,易于打浆,所以千百年来,历代均以此作为造纸的主要原料。今天一般多用碱法、中性亚硫酸盐法或氯化法将其制成草浆,通过技术加工,制造具有多种功能和广泛用途的各种纸张。漂白后的草浆,可制作包装纸一类的产品。

晋代南方造纸丰富多彩,北方造纸也独具特色。北方人多以桑枝(落叶乔木,一般为山桑、白桑、条桑等)茎皮纤维造纸,质地优良,色泽洁白,轻薄软绵,为当时文人名士所喜用,北宋苏易简《文房四谱》中载:"雷孔璋曾孙穆之,犹有张华与祖书,乃桑根纸也。"这种纸因其拉力强、纸纹扯断如棉丝,故又称为棉纸。从此可看出南北造纸的区域性和造纸材料的多样化。

东晋时，纸的原料较多，但主要仍采用蔡伦造纸时的原料，以烂渔网、破布造纸，故称为网纸、布纸，因当时的渔网破布均为麻类纤维故属麻纸之类。这一大品类，因原料易得、制作简单、纤维细长、纸质较佳、物美价廉，深得当时书家的喜爱，我国现存最早的书法真迹《平复帖》就是西晋文学家、书法家陆机书写在白麻纸上而流传至今的，这是我国传世最早的麻纸法书实物（如图 13）。晋时二王父子多喜用麻纸作书，王献之的小楷书法代表作《洛神赋十三行》原迹就是写在麻纸上的。

图 13　西晋《平复帖》

为了延长纸的寿命，当时已出现对麻纸进行再加工的新技艺，其方法是将黄檗（也称黄柏）捣烂熬取汁液浸染纸张。浸染时一般有两种方式：一是先写后染，此法多作染书之用，即文字写成后，再浸染。古时称染书为入潢（潢意为染纸），染书的人称为染潢匠。二是先染后写，将纸浸染后，待书写之用，浸染的纸称为染潢纸。此纸多为当时抄写经书和官府文书之用纸。两种方式的染纸程度，均以灰白为佳，色不可太深，深则暗而灰淡。后魏农学家贾思勰《齐民要术》中有详细的记载："蘗熟后漉滓捣而煮之，布囊压讫，复捣煮之。凡三捣三煮，添和纯汁者，其省四倍,又弥明净。写书经夏然后入潢,缝不淀解。其新写者,须以熨斗缝缝熨而潢之,不尔,入则零落矣。"这种浸染过的书籍、纸张已具备灭虫防蛀(因黄檗皮中含有生物碱——小柏碱)的效能,利于长久保管,多为人们所喜用;又因被浸染过的纸张多呈天然的黄色,故被称为黄麻纸、黄纸。据说黄纸为晋葛洪(约281-341)所创造,他为书的万世流芳、文化的传播以及纸的广泛使用立下了不朽的功勋,为纸的制造创出了一条路子。

从以上可看出晋时麻纸的生产在数量上和质量上仍占首位,并深得书画家所喜爱。值得一提的是当时茧纸的应用颇有名气,据说晋大书法家王羲之流芳千古的《兰亭序》就是用茧纸所写。唐张彦运《法书要录》中载:"《兰亭》者……用蚕茧纸,鼠须笔。遒媚劲健,绝代更无比。"北宋文学家、书画家苏轼《孙莘老求墨妙亭诗》开篇首句就是"《兰亭》茧纸入昭陵"。这种纸纸质白细且有光泽,其上纤维犹如蚕丝交织,故美名为茧纸。笔者同意日本学者大村西崖《中国美术史》中的观点:"《兰亭序》则书于蚕茧纸也,蚕茧纸谅系麻纸有滑泽者。"此纸应是植物纤维类,属麻纸中的佳品。另外当时江苏六合县产的六合纸也颇有名气。唐欧阳询《艺文类聚》、徐坚《初学记》书中还有赤纸、缥红纸、敕纸等的记载。

东晋末,安帝元兴元年(402),桓玄篡政时曾下令:"古无纸故用简,非主于恭。今诸用简者,宜以黄纸代之。"这是我国古代由政府下令正式用纸的开端。这里的黄纸,也就是上述那种防腐防蛀的染色纸。由于安帝的提倡,纸很快成为当时的主要书写材料。随着纸张运用的广泛性,纸的制作也根据书写内容的多少,规定纸张的长短。宋苏易简《文房四谱》中说:"晋令诸作纸,大纸一尺三分,长一尺八分,听参作广一尺四寸,小纸广九寸五分,长一尺四寸。"这说明当时纸的生产已有较明细的规格。

我国造纸术首先传入越南、朝鲜,促进了造纸术的发展和文化艺术的交流。

纸品类的增多,生产的数量增大,不但为书法的发展提供了物质条件,同时也促成了用纸绘画的出现。1964 年,在新疆维吾尔自治区吐鲁番县阿斯塔那的一座晋墓中,出土一幅彩绘纸画,长 106.5 厘米,高 47 厘米,由 6 张纸粘连在一起,画面清晰,人物动态俱肖,日月星斗、田园阡陌等历历在目。根据画面内容被命名为《地主生活图》。这张晋代纸绘画比现存传世最早的纸本绘画真品——唐著名画家韩滉的《五牛图》还要早三四百年,这张绘画是我国也是世界上现存最早的纸绘彩画。

晋时,高质量的纸除作为皇帝的御物外,也成为文人墨客赠送友人的礼品,晋书法家王羲之曾一次赠送他少时的好友东晋书法家谢安麻纸 9 万张。更有趣的是,王羲之女儿出嫁时,无任何嫁妆陪送,王羲之只写了一大卷字纸交给女儿,怀抱上轿进了婆家门。这些记载和传说,足以说明当时用纸和字纸作为礼品相赠送是十分高雅的行为,富有深刻的寓意。

好纸的出现也为书法传真提供了必要的物质条件,为后世保存了大量的历代名家书帖。晋书家王羲之学书涉猎诸家,博采众长,自创王体,据说曾得力于蔡邕的《石经》、张芝的《华山碑》、钟繇的《受禅碑》,而这些碑当时均在北方。如没有相当的摹拓本,南方的王羲之怎能从这些碑中取得有益的营养呢?晋著名画家顾恺之,当时曾用好纸涂黄蜡,拓名画而不失神采笔意,也足以证明当时摹拓用纸绝非粗劣之物。

纸的大量生产和纸质的不断提高,对于历史典籍的保存和知识的积累都起到了很大的作用。当时战事繁多,文人多从事著述,私自修史和竞相抄书的风气盛行。晋武帝时,秘书监荀勖依《中经》更著《新簿》,共有 20935 卷;西晋史学家陈寿所著的《三国志》一书,成书后不久,为晋人用纸抄写,成为我国也是世界上第一部用纸写成的书,掀开了人类用纸写书历史的帷幕。这部书的残卷于 1924 年在新疆鄯善县出土,仅存 80 行,1090多字,原件已流入日本。1965 年 1 月在新疆维吾尔自治区吐鲁番县的英沙古城南的一座佛塔遗址中,也发现了《三国志》的残卷,仅 40 行,570 多字,全用隶书写成。这些残卷的发现为晋人用纸写书抄书提供了有力的证据。晋代文学家左思构思 10 年写成《三都赋》。洛阳(今河南省洛阳市)富贵之家互相转抄,一时纸的价格为之而高昂起来,因而留下了"洛阳纸贵"这一著名典故,现多用以赞颂别人的文章著录流传之广。

东晋和南北朝时期,我国南方商业已较发达,集市较活跃,纸与绵、席等物充斥南方集市。宋孔道成从会稽(今浙江绍兴)来建康(今江苏南京市),带货船十余艘,满载绵、纸、席等物,足见纸在当时已作为交换流通的商品了。

南北朝时,南方浙江的造纸产地除兴于晋时的剡溪、东阳外,又有大的发展,余杭(今杭州市以北地区)、由拳(今浙江嘉兴县)等地的藤纸也脱颖而出,一时被奉为纸中之上品。当时北方造纸匠左伯的家乡一带,也发展成为制造优质纸的重要产地,五色花笺已成为当时的代表作品。这种纸曾得到皇帝的青睐和赞誉。南朝梁宣帝(萧詧)《咏纸诗》中说:"皎白犹霜雪,方正若布棋。宣情且记事,宁同渔网时。"这首诗也因首开咏纸之先河而被载入史册。

南朝刘宋文帝(424—453)时,民间造纸质量已达到较高的水平,有的超过御用的纸张。据《宋书·张永传》中说:"张永善隶书,又有巧思,纸及墨皆自营造。"张永善名扬当时,所制之纸被称为张永纸,后闻名宫廷,为文帝得知,便召至宫中更制御纸。

当时,有一种红颜色的纸,名叫赤纸。永初元年(418)刘裕将废东晋,自立为帝,曾欣然向部下说:晋氏久已失之,今又何恨,乃书赤纸为诏。可见这种纸已作为帝王下诏书的专用纸。

南北朝时,随着当时文化发展的需要,纸完全取代了竹帛的地位,成为当时主要的书写材料,使之在书写领域中开创了新的局面。当时著书立说之风盛行,整理典籍长篇巨著大量出现,纸书风行全国。

南北朝时,镂空透雕的剪纸艺术开始兴起,在纸上创造了一种美的艺术形式,使纸直接服务于人们的文化生活之中。南朝梁宗懔所著《荆楚岁时记》中记载了荆楚(今湖北)一带的节日习俗:"正月七日为人日,以七种菜为羹,剪彩为人,或镂金箔为人,以贴屏风,亦戴之头鬓。"又载:"立春日,悉剪彩为燕戴之。"这种节日的装饰,证明了以纸剪制的艺术品在民间已广泛流行。北朝时的剪纸艺术,还有实物的出土,1959 年在新疆吐鲁番阿斯塔那地区的古墓葬中,先后发现了五幅剪纸。其中《对马团花》、《对猴团花》将马及猴组合在圆形的画面中,巧妙雅致,清新悦目,足以说明当时剪纸艺术的高超和考究。这实为我国现存最古老的纸花。

纸的大量生产和优质纸的出现,为名家墨迹摹拓复制奠定了物质基础。南北朝时已有用纸拓书的记载。梁武帝(萧衍)酷爱书画典籍,曾令人用大量的纸拓右军遗书,以欣赏玩味。其用纸不光量大数多,而且绝非厚薄不匀的粗糙之纸所能为之。

由于这一时期造纸术得到了较快的发展和广泛的运用,所以被北魏杰出的农业科学家贾思勰载入《齐民要术》一书中。该书以两节篇幅专门介绍造纸原料（榆树皮）的处理加工技术和对纸进行艺术再加工（即以黄檗汁染纸防蠹）的具体做法。贾思勰把群众中造纸等技术加以总结，上升到比较系统的理论。这对当时的造纸业和以后的造纸技术都起到了一定的指导和借鉴作用。

综上所述，纵观两晋南北朝时朝，造纸术的发展和运用都已达到较高的水平，为各种学派争鸣，史学、文学和艺术的发展，自然科学的进步，提供了十分有利的条件。

四、隋唐佳纸产地的涌现

隋唐时期，南北统一，疆域广阔，文化繁荣，读书识字的人逐渐增多，对外交流也日趋频繁，是政治、经济和文化较为繁荣的时期。这一时期，手工业之一的造纸术也有很大的突破，纸质精益求精，出现了较多的佳纸产地。造纸技术一再外传至日本、阿拉伯、印度、尼泊尔，促进了中外关系的进一步密切。

隋代祚短，仅长 37 年，然造纸术的发展、纸产量和用纸量的增加却是不容忽视的。双流纸产于四川双流（今四川省成都市南部），幅长 2 米，纸质不甚细腻，价格便宜，使用范围较为广泛，为当时深受人们喜爱的一种物美价廉的纸品。

隋时，纸的使用量也是惊人的，从以下几例可窥见一斑。由于当时皇帝提倡佛教、道教，政府专门设有翻经馆，经书的翻译和抄写之风盛行，就连当时的皇帝也亲自抄写。隋文帝时期曾为京师和大都邑的佛寺敕写经 46 藏，凡 13 万卷，修治旧经 400 部。隋时置秘书省官（主管图书秘籍）及天府学士（主掌典礼、编纂、撰述诸事）220 人，专门整理史籍、补续残缺等，所整理的书籍 3.7 万余卷，连同副本共 37 万卷。隋炀帝组织人力修治旧经并缮写新经，合 612 藏，2.9 万余部。如此众多的经书典籍，完全得力于高质量的纸张的供给，否则是难以完成这浩繁的工程的。光绪二十六年（1900）在甘肃敦煌莫高窟著名的藏经洞里共发现 3 万余卷藏书，以及其他古画、契约等，其中多有隋时用纸的手写本，有些纸张依然结实，这足以证明当时纸的质量之高，经千年不坏，对于我国历史文献的积累和发展打下了坚实的基础。隋时好纸的运用也极大地促进了书法艺术的传播。当时书法家释智永精勤书艺，名重当时，传说曾手写《真草千字文》800 余本，分送浙东诸寺。

纸的发明，为人们书写提供了极大的方便，实现了书写材料的一大变革。然而用手抄写众多文字，又出现了极大的局限性。一部巨著的抄写，辗转传抄，往往谬误越来越多。隋时人们便依摹拓石碑之法，智慧地发明了雕版印刷术。孙毓修《中国雕版源流考》中说："世言书籍之有雕版，始自冯道……以今考之，实肇自隋时。"现多赞成此说，雕版印刷即在与字纸大小长短相等的木板上涂上一层糨糊或黏性的胶质，然后把字纸（透明稿纸）的正面贴在木板上，这时刻工根据字的反体或插图在木板上刻成阳文，即让字画凸出来，而后在板面上抹上墨，覆上纸用刷子轻轻一刷，纸上就呈现了字画。从此结束了书籍单纯用手抄的局面。根据人们的需要，可以短时间内印刷出成百上千的字画和书籍。隋时，这一简便的技术首先用于雕版印刷佛经佛像，成为宣传教义的工具。陆深《河汾燕闲录》中记载："隋文帝开皇十三年(593)十二月八日,敕废像遗经,悉令雕撰。"这时的书籍典册主要还是抄写,以后雕版印刷技术才在各个方面广泛运用起来。随之纸的消费量与日俱增,有力地刺激了造纸业的发展。这时我国造纸术不但在国内得以较大的发展,在国外也由朝鲜继续向日本传播。圣德太子(574—622)摄政时,日本开始设立造纸厂,以植物纤维作为造纸原料,纸张很快被用到书写领域中去。公元616年,圣德太子写的《法华义疏》,就是日本最早最古的墨迹。为开拓造纸原料,当时日本曾派人来我国学习种植、管理楮树技术。直到1867年前,日本的造纸原料和造纸操作技术仍沿袭中国古法,造纸作坊遍及日本各地。

唐时将近300年的时间,保持了较为稳定的局面,为我国封建社会的经济、政治和文化发展的鼎盛期,当时的造纸业也得到迅速的发展,产纸遍及全国。在城市,特别是较大的城市里,开办着相当数量的作坊,有些小州县也办起了小规模的造纸作坊。有官府办的,有民间办的,也不乏私人办的造纸专业户。这就有力地促进了造纸技术的改进、提高,而且好纸产地也层出不穷,形成了当时较有生气的造纸工业。

唐时较著名的纸品有:益州制造的黄白麻纸,杭州、婺州、衢州、越州的细黄白状纸(即藤纸),均州的大模纸,蒲州的薄白纸,以及唐代后期宣州的宣纸、硬黄纸,韶州的竹笺,临州的滑薄纸。扬州、常州、江州、歙州等地,也都盛产名纸。

全国造纸业的发展,促使各地以独特的地方特色和特有原料的优势争奇斗艳,在造纸行业中形成了相互竞争的局面。益州所产的麻纸采取西汉麻纸之遗制,并有白麻纸和色麻纸之分,均为当时的贡纸。当时皇帝诏书多用麻纸誊写。凡罢免将相、征讨、赦书、立后均用白麻纸,制敕则用黄麻纸。

唐时由宰相主管专门搜集、整理典籍的官署集贤殿书院,也专门用麻纸书写。据《唐会要》中载:大中三年(849),集贤书院在一年之内计用小麻纸 11707 张,洛阳集贤书院写书籍 2.5 万多卷,都是用益州麻纸。唐时书家也多以麻纸相夸,唐杜牧《张好好诗》行书墨迹本就是用麻纸所写,现藏北京故宫博物院;唐大诗人李白所书《上阳台帖》草书墨迹本是用白麻纸写成,现也藏北京故宫博物院;传唐人书《月仪帖》墨迹本,是用黄麻纸所书,以草书、楷书两书体写成,现存台湾。可见当时麻纸运用之广,盛行天下。另江苏扬州六合造的麻纸,也较有盛名,并有"明透岁久,水濡不入"之赞誉。现日本书道博物馆所藏《敦煌卷子》即是此麻纸实物。

始于晋时,产于剡溪(今浙江嵊州市)一带的剡纸,在唐时产地已发展到四个州,成为唐时写书的极好材料,多为当时诗人所赞颂。唐代苏州诗人顾况《剡纸歌》就是赞扬剡溪藤纸的著名诗篇。唐代皮日休《二游诗》中,也有称誉剡纸的名句"宣毫利若风,剡纸光与月",其知名度较为广泛。

以竹为原料造纸的记载,最早见于唐李肇《国史补》中:"韶之竹笺。"韶即韶州,今广东韶关一带,当地人们多以嫩竹为原料,取其竹纤维制纸,其特点纸质疏松、韧性差、色泽发黄。1924年秋,杭州西湖雷峰塔倒掉,从藏经砖中发现了较珍贵的木板雕刻印刷的《宝箧印陀罗尼经》,则是稍晚于唐以后的南唐时的产物,现存于浙江博物馆,其经就是用淡黄色的竹纸和棉纸印刷而成。

唐时,全国各地多以瑞香皮、栈香皮、楮皮、桑皮、藤皮、木芙蓉皮、青檀皮等韧皮纤维作为造纸原料,其纸质柔韧而薄,纤维交错均匀,形成了当时深受人们欢迎的一大皮纸品类。

瑞香皮纸产于当时西域,其纸是利用瑞香(一种常绿灌木)制作的一种皮纸。本世纪初,奥地利一位学者威斯纳化验新疆和阗出土的八世纪西藏文残卷纸,就是白瑞香类树木纤维制造的皮纸。

产于广东罗州(今广东廉江市北)的栈香树皮纸,则是唐代皮纸的又一种类。此纸始自晋时,栈香树又称蜜香树,晋时称以此树皮制作的纸为蜜香纸。栈香树是一种常绿乔木,身如柜柳,花呈白色而密,叶如橘叶,其皮纤维可以造纸,古人对此纸多有评价:"此纸漫而弱,沾水即烂,不及楮皮者。"

楮皮纸,是用楮树皮纤维所造,也称楮纸。楮树又称构桑,是一种多年生落叶乔木,故又称构皮纸。两晋时称构桑为谷桑,所以又有谷皮纸之称。唐时,此纸产于蜀郡广都(今成都双流),故称广都纸。当时蜀中多以此纸传印书籍、公私簿书、契券等,用途十分广泛。楮纸对当时和后世影响也很大,唐人韩愈《毛颖传》中曾将纸戏称为"楮先生"。元代书画家赵孟頫《论书》诗中还有"书法不传今已久,楮君毛颖向谁陈"的诗句。

唐时的蜀地为造纸业一大中心,当时除麻纸、笺纸外,皮纸生产也有诸多种类,当时的成都多生长木芙蓉,俗称芙蓉花。时人便以木芙蓉韧皮纤维造纸,据明代科学家宋应星《天工开物》一书中说唐时"以芙蓉皮为料"制作纸张,又记载此纸制作成色纸的方法——"煮縻入芙蓉花末汁"而成。这种带有颜色的考究纸,其美在色,备受文人墨客的注目。

唐时除以上用各种植物韧皮作为原料制作纸张外,用青檀树皮制作的宣纸也已崭露头角,此纸集散于安徽宣城诸地,因此地唐时属宣州管辖,故有"宣纸"之名。宣纸诞生的身世至今尚无可靠的考证。但在宣纸的产地,曾广泛流传着这样一个传说:

东汉造纸匠蔡伦谢世后,他有个徒弟孔丹非常怀念师傅,总想再制造一张特别好的纸,画下师傅的容貌传之后世,但总是找不到合适的造纸原料。有一次,孔丹在山溪旁边,偶然发现一株倒在水里的枯树,因时间较长,被浸泡得腐烂发白,他捡起一看,原来是一层很好的檀树皮纤维,遂想到利用这种树皮制造白纸。后经过十年之久的不断实践,反复试验,终于获得成功,用这种树皮造出了宣纸。这只不过是一个美好的传说,缺少可靠的文字记载,但我们可以肯定在唐时运用檀树皮造纸是无疑的。

古宣纸的制作方法较为复杂。优良的宣纸,则采用发酵制浆法制造纸浆,经长期浸泡石灰处理、蒸煮、洗净、漂白、打浆、水捞、加胶、贴烘等十八道工序一百多道操作过程而成。从原料加工到成品的制作,其加工时间大约需要一年之久,才能制造出来。所造宣纸质地绵韧,纹理美观,洁白细密,搓折无损,易于书写绘画,有独特的渗透、润墨和一次吸附性能,落墨着色就会出现洇的现象,能呈现出明显的书画虚实相间的独特风格。写字骨神兼备,作画墨韵生动,浓墨似漆发亮,淡墨层次分明,不浓不淡似雨雾月晕,十足地表现了水墨的特殊功能,为我国的书画增添了动人风采。再加之该纸具有耐老化、防虫蛀、耐热耐光等特点,经久不变,易于长期保存,备受人们宠爱,故有"千年寿纸"、"纸中之王"之美誉。唐张彦远《历代名画记》中载:"好事家宜置宣纸百幅,用法蜡之,以备摹写。古时好拓画,十得七八,不失神采笔踪。"从此可看出当时宣纸的使用已相当流行,并已成为人们极为珍视的书写用品。我国流传至今的大量古籍珍本、名家书画真迹,多以宣纸而广泛流传。宣纸就其功能可分为生宣、熟宣两大类。生宣是未经加工处理的纸张,是直接从纸槽里抄造后经烘干而成。这种纸吸水性能强,易于笔墨相发,最宜于写意画和行草书,纸墨相应更加渲染,唐多用作裱褙字画。唐张彦远《历代名画记》中说:"勿以熟纸背,必皱起,宜用白滑漫薄大幅生纸。"唐时生宣非有丧事而不能使用。熟宣是在生宣纸的基础上,经过上明矾、拖胶、涂色、洒金、洒云母、加蜡等,制成熟纸(也称矾纸)。作书绘画不易走墨晕染,此纸最宜于工整细致的工笔画和楷隶书,清爽整洁,精致明朗。宣纸的出现,成了书画艺术不可缺少的珍品。

这时北方的造纸业,也出现了不少大规模的造纸作坊。据唐末皇甫枚《三水小牍·卷上》说:"巨鹿郡南和县(今河北南和县)街北,有纸坊,长垣悉曝纸。忽有旋风自西来,卷壁纸略尽,直上穿云,如飞雪焉。"这段描述,使我们看到一个纸飞如雪的景况,足见这个作坊的相当规模和纸生产的可观数量。

唐时,中原地区的造纸业较为发达,少数民族地区的造纸业也相当可观。贞观十五年(641),唐太宗派人护送文成公主进吐蕃完婚.就曾带去许多擅长造纸等技艺的工匠,以及有关生产技术的书籍,为西藏经济、文化的发展起了很重要的作用。而后唐高宗又依照松赞干布的请求,给吐蕃派遣许多制纸、墨、笔等的工匠到吐蕃传授技艺,促进边疆造纸业的发展,进一步加强了汉藏两族之间文化交流和团结友谊。近代大量出土文物的发现,充分说明了唐时新疆地区已有相当规模的造纸业。吐鲁番地区出土过唐代墨书迹的残纸,新和县城西发现了带有唐天宝年号的文书残纸,新和县城西南曾发掘出写有唐大历年号的文书残纸。以此为例,可以想见当时边远地区造纸工业繁荣之景象。

唐时的造纸业,除各地较为盛行外,官府也设有造纸和对纸进行再加工的专门人才,据《新唐书·百官志二》中载:弘文馆曾设置楷书12人、供进笔2人、典书2人、拓书手3人、笔匠3人、熟纸装潢匠 8 人。《唐书·职官志》载当时专门编写国史的机构——史馆也设有楷书手 25 人、熟纸匠 6 人等。《新唐书·百家志二》中载秘书省设有楷书手 10 人、熟纸匠 10 人、装潢匠 10 人、笔匠 6 人。这就充分说明了唐朝对于造纸业的重视，从组织机构上提供了有力的保障，起了很大的促进作用。

造纸在唐时已成为民间极普通的一种手工业，涌现了许多私营手工业者。萧诚（唐玄宗时人）善造纸，用山西野麻（罗布麻的俗称）及虢州（相当于今河南省西部）土谷（即椿树）皮为原料，所造之纸五色光滑，取名为斑石纹纸。

另一造纸家段成式（约 803—863），字柯古，临淄（今山东淄博市）人。家在荆州，以博闻好学强记闻名，撰有《酉阳杂俎》一书，曾制造一种染色麻纸的云蓝纸，自以为得意，作为礼品赠送给好友。北宋苏易简《文房四谱·纸谱》中载："段成式在九江出意造纸，名云蓝纸。"至今此纸在国外尚存，据日本学者大村西崖著、陈彬和译的《中国美术史》中载："正仓院之色麻纸中淡青者，即谓之云蓝纸。"

在造纸名家中，以薛涛知名度较高，影响较大。薛涛字洪度，唐长安（今陕西西安市）人。幼随父宦居四川，父病逝后家境贫穷，遂沦落风尘，入了乐籍。因从小喜爱诗词，有很高的天赋，故善写短小佳语诗篇。惜其当时纸幅太大，不便使用，便亲自指导匠人改制成小幅纸张，这样易于书写，又不浪费，为许多人所歆羡。因此纸是在薛涛宅旁浣花溪取用溪水造成的深红小彩笺，故又称为浣花笺。元费著《蜀笺谱》中说：薛涛"躬撰深红小彩笺……时谓之薛涛笺"。据说薛涛曾把植物花瓣撒在纸面上，加工制成彩笺，这种纸色彩斑斓，五光十色，使用方便，精致玲珑，也有人称为松花笺。屠隆《考槃余事》一书中有"造松花笺法"的详细记载。

唐代的造纸技术是我国造纸史上的一个高峰,唐代人还独具匠心地创造了许多特殊的纸品,成了书画艺术不可或缺的珍品。唐人写经用的一种名为硬黄的纸,为当时著名的纸品。此纸是在晋代葛洪创制用黄檗汁为天然染料、浸染纸张制成黄色纸的基础上,又在其纸上均匀涂蜡,经过研光,精益求精,使纸具有辟虫蛀防潮湿霉变的特性,又具有光泽莹滑、艳美的优点,极易于法帖墨迹的响拓双钩用,同时还用以抄写佛经。我们今天所能看到的秘阁所藏二王法书,多是用硬黄纸写成的。此纸做工精致,饮誉当时。1900 年 5 月中,在甘肃敦煌县发现的震惊世界的珍宝——我国古代的藏经和画图印本中,《千佛图残片》就是用朱色捺印在相当厚的特制的硬黄纸上的。1953 年在浙江龙泉县一座古塔中,发现一卷用黄纸刻印的《妙法莲华经》,卷子甚长,字大如钱,纯属欧体,为晚唐时之刻本。这一制作技巧的成就,足以说明我国智慧的先民在一千多年前的开拓创造精神和长期的劳动实践所取得的高度成就。

另有一种艺术加工成的硬白纸和硬黄相比,其制法稍有区别,就是以蜡涂布于原纸的正反两面,再以卵石或弧形的石块碾压摩擦(此工序称为研光),使之光亮、润滑、密实、纤维均匀细致。纸的厚度比硬黄稍厚,其色不呈现黄色,故人称为硬白。现存的硬白纸实物,据梁披云《中国书法大辞典》中载,有故宫博物院藏旧题吴彩鸾写《刊缪补缺切韵卷》。另外,当时还有一种添加矿物质粉和加蜡而成的粉蜡纸,为当时摹揭复制名人墨迹的用纸。又有一种在此纸和色纸基础上经加工出现金、银箔片或粉的光彩的纸品,富丽堂皇,色泽耀目,称为金花纸、银花纸或金银花纸,又称冷金纸或洒金银纸。因造价昂贵,平民难以用到,多作为宫廷中书写诗词联语及美化室内用纸。目前我国现存冷金纸的最早实物，是 1973 年在新疆吐鲁番市阿斯塔那村（藏语是首府之意）唐墓地出土的高昌时期所产的冷金笺。

另一种别具一格的纸品砑花纸，更是颜色花纹极为考究的佳纸。其做法是将纸逐幅在刻有字画的文版上进行磨压，使纸面上隐起各种花纹图案。此纸又称花帘纸或水纹纸，迎阳光或灯光照看，就显示出暗纹和千姿百态的图案，十分精细。当时四川生产的砑花水纹纸鱼子笺，也称为鱼笺或鱼子，备受文人墨客所推崇。羊士谔《寄江陵韩少尹》诗中："蜀国鱼笺数行字，忆君秋梦过南塘。"吴融《倒次元韵》诗中："鱼子封笺短，蝇头学字真。"足见鱼笺对诗人之影响。宋苏易简《文房四谱·纸谱》中对此纸制作有详细记载。

唐代造纸业的发达，使大量的纸张涌现出来，人们便根据各种纸张的特殊性能，推广到文化、军事及人们的日常生活中去，开辟了纸的广泛运用的多种途径。

纸首先对于历史文献典籍的编纂提供了极大的便利条件。自从唐太宗贞观三年（629）确定设馆修史制度后，历经 200 多年的整理，至文宗（826—840）时已有书籍 12 库，共 5 万多卷，这为后人研究历史提供了重要的依据。唐时雕印书籍已蔚然成风，中叶（公元 8 世纪）以后，雕版印刷的书刊已遍布东川（今四川盆地中部等地）、西川（今四川成都平原一带）、淮南（相当于今江苏、安徽江北淮南地区大部分）、江西（相当于今江西省）、浙东（今浙江省一部分）和东都（今河南洛阳）等地。雕印书籍已作为一种商品在市场上出售，并且相当普遍，尤以四川成都为当时印刷业的一大中心。唐咸通六年（865）在长安留学的日本僧人宗睿回国时就曾带有四川刻印的韵书《唐韵》和字书《玉篇》各一部。可见纸张对于历史典籍的积累、传播、保存及对外文化交流等方面,同印刷术一样起了重要的推动作用。

由于唐朝几代皇帝均笃好书法,唐人对前人名家书法墨迹特别珍视,也借助于纸这一便利工具进行勾摹填拓,使其化为千百。至今我们所能见到的王羲之《快雪时晴帖》、《兰亭序》等书迹,最早都是唐人摹本。其中尤以涂蜡的半透明纸摹取的书迹拓本最为贵重,人称硬黄本。唐人摹拓精致,为一代绝技,故有"唐摹宋拓"之誉。唐太宗时弘文馆设有专职拓书人,赵模、韩道政、冯承素、诸葛贞等摹拓书迹惟妙惟肖,几近真迹,为世人所重。

纸也被独具匠心地运用在军事上,据明代朱国祯《涌幢小品》中载:唐宣宗时,河中节度使徐商用纸做成将士们护身的铠衣,厚3寸,每方寸加四个帽钉。因用天性柔软的纸加工制成,两军阵前,劲矢不能入。

除此,纸在人们日常生活中也显示出它的显赫地位。唐时日历被大量雕印出来,并在市场上出售,深为人们所欢迎。从汉魏晋沿袭下来为亡人烧纸钱的习俗影响极为广泛,自王公至平民百姓,无不通行葬埋亡人时焚烧纸钱。另外,还有糊窗户的纸和专包茶叶被称为茶衫子的纸。当时福建永春还利用纸条织成装饰用的纸织画,属于民间特制的工艺品,尤见当时造纸业的兴旺发达。

唐玄宗天宝十年(751),我国的造纸术开始西传。由于天宝九年唐朝大将高仙芝俘虏了石国(今塔什干)国王,王子逃向诸胡,次年和诸胡暗中潜引大食国兵,准备进攻高仙芝。高仙芝知道后,立即率领汉蕃三万大军出击阿拉伯大食国的军队,结果在恒罗斯城相持五日,大败而归,仅剩数千人。大食人在这次战斗中所俘虏的士兵中有许多是造纸匠，于是大食人便使用这些人的专长在他们的北方重镇康国(今乌兹别克斯坦共和国撒马尔罕一带)开始制造纸张，建立了中亚的第一个采用中国技术和设备，以破布为原料的造纸工场。而后，大食人在今天的巴格达、大马士革相继建立了造纸工场，待纸张大批量生产后，便开始向欧洲销售，成为他们的主要出口商品。随之造纸技术相继向西传播至西亚、北非。公元793年，一批中国的造纸工匠在巴格达造了一家造纸工场；公元795年，大马士革也建造了造纸工场。公元900年，古埃及建立了非洲第一个造纸工场，从此结束了用纸草作为主要书写工具的历史。中国造纸术传至西方，这是世界文化史上一件具有划时代意义的大事。

此外，公元7世纪的时候，日本各地也陆续办起了造纸作坊。公元744年，日本光明皇后(天平十六年)监书的《乐毅论》就是用白麻纸书写的；公元755年，日本光明皇后记录日常杂事的书简《杜家立成杂书要略》，也是用白、黄、蓝、茶、红等色麻纸汇集成的册子。由此证明当时日本造纸术已有了相当高超的水平。由于当时我国和朝鲜、日本等国的关系非常密切，往来频繁，相互间的经济文化交流出现了空前的盛况，两国的纸张又都输入我国。日本纸输入我国，约始于唐玄宗时，随日本遣唐使传入；朝鲜纸也是通过这一途径而进入我国的。朝鲜纸当时称高丽纸，多以棉、茧为原料，其纸色白如绫，坚韧如帛，用以写字，发墨可爱，因而当时深受我国书画家们所喜爱，但纸价亦甚昂。唐太宗贞观年间，曾用朝鲜厚茧纸制作信函，形若鱼形，两面画有鱼鳞状，腹中藏以书信以便传递，故称为鲤鱼函。唐诗人李商隐《寄令狐郎中》诗中"嵩云秦树久离居，双鲤迢迢一纸书"的诗句，双鲤即指结成鲤鱼形的书缄。

　　唐时的造纸艺术较为精湛,各种纸张不胜枚举,加之印刷术的普遍使用,对我国古代的文化传播和世界文化的交流,都起到了不可估量的推动作用。

五、五代两宋的造纸艺术

　　五代、南北宋三百多年,造纸业继续开拓出了更广阔的发展道路,成为我国造纸史上又一突起的异峰阶段,谱写了光辉灿烂的篇章。

　　五代纷乱,文化中落,但造纸术并没有中断。当时蜀地就曾设置专管纸务的官员,以监造纸张的生产。南唐时,纸的主要产地在徽州地区(今安徽歙县一带),所产澄心堂纸可谓纸中之精品。北宋苏易简《文房四谱·纸谱》中记载:"南唐有澄心堂纸,细薄光润,为一时之甲。"南唐后主李煜特别喜爱这种纸品,并亲自监造纸张,特意用自己读书批阅奏章的场所澄心堂来贮藏,供宫中长期御用,故名为澄心堂纸。其纸生产极复杂,均为手工抄造而成,其制法是在寒天冬水中浸泡楮树皮原料,尤其是需敲冰水扬帘、沥捞纸张,最后熔干即成。纸的长度可达 50 尺,从头至尾匀薄如一,可见此纸的生产工艺在当时已达到相当高的水平。南唐时有人就把澄心堂纸、李廷珪墨、诸葛氏笔、龙尾歙砚合称为文房四宝。当时宫中还有一种用纸,称会府纸。相传为李后主所造,长约 2 丈、宽 1 丈,纸质较厚,多用于发榜公布考试录取者名单,北宋苏易简《文房四谱》中有其记载。另有麻纸的生产,五代书家杨凝式墨迹本《神仙起居法帖》，即用麻纸写成。

　　五代时期，纸品的生产较为多样化，李肇《国史补》卷下、李石《续博物志》均有五代纸品的详细记载，纸的生产量也相当可观。以澄心堂为例，宋程大昌《演繁露》中载："江南后主造澄心堂纸，前辈甚珍重之，江南平后六十年，其纸犹有存者。"大量纸张的涌现，除满足当时书写用纸外，还广泛地运用于当时的雕版印刷业。纵观前朝，印刷这一新生事物一经问世，就和造纸业相互依存，相互促进。由于古代交通运输极不方便，印刷多设置在造纸地，以满足印刷业有充足的纸张资源。这样又有力地促进了造纸业的发展。

　　此时，尽管国家分裂，南北分治，生产力遭到很大破坏，但印刷业确有一些长足的发展。明代胡应麟《少室山房笔丛》卷四中载："雕本肇自隋时，行于唐世，扩于五代，精于宋人。"这一概括性的总结，特别是扩于五代的说法，是符合历史实际的。因为自五代始，才有国家精印重要书籍出售，而且各个分裂政权都极为重视史籍的整理印行工作。后唐庄宗李存勖曾有募民献书给予高官职位之令；明宗李亶更甚，长兴三年（932）允准大臣冯道，倡请国子监校定具有丛书性质的《九经》，并镂版印行，发卖前后用了22年的时间，开创了我国封建时代官府刻印书籍之始和我国历史上首次大规模刻印书籍之壮举；后汉隐帝刘承祐也曾颁布献书赐金之诏。从此可看出，当时整理和雕印书籍规模相当可观，其印数相当惊人。1917年在浙江吴兴天宁寺经幢中发现《陀罗尼经》，卷内有印《宝箧印经》84000卷的记录；1924年9月，在杭州雷峰塔中发现吴越王钱俶刻的《陀罗尼经》，也注印84000卷，为皮纸印制。这些数字反映了当时书籍生产的兴旺发达和造纸业之盛况。

另外纸的使用还深入到人们的娱乐生活和军事通信之中。《询刍录》中说:"五代李邺于宫中做纸鸢,引线乘风为戏,后于鸢首以竹为笛,使风入竹,声如筝鸣,故名风筝。"

宋时,造纸手工业者的数量较前代增多,在技术上也有很大发展,产纸量普遍提高,出现了较多的初具规模的造纸小基地。北宋时,福建的建阳(在今福建省西北部,崇溪中游),安徽的徽州(即安徽的歙县、休宁、祁门、绩溪、黟县及江西婺源县等地),四川的成都,浙江的临安、温州等地区的许多地方,都已成为当时较著名的产纸中心。其纸质一般达到了轻软、薄韧的水平,当时在很多城市里因地制宜,立足当地资源制造了许多质地不同的纸张。除传统的麻纸继续制作外,楮皮纸、檀皮纸和木棉纸的制作更为精致,尤以南方的竹纸发展更为迅速。北宋人苏易简在《文房四谱·纸谱》中曾记载了当时各地造纸的情况:蜀(四川)中多以麻制为纸,江浙间以嫩竹为纸,北方以桑皮制纸,剡溪(浙江省嵊州境内)以藤为原料(始于晋时),南人(广东一带)以海苔为纸,浙人则以稻草、麦秆制作纸张。从中可以清楚地了解到宋时造纸原料的多样化、纸品的丰富多彩,以及纸张数量的增加,无怪乎宋代大书法家米芾自称:"平生写过麻笺十万。"

南唐时的澄心堂纸,这时仍有大批量散落在世间,为人争相夸赞,成为北宋最著名的纸品。北宋欧阳修和宋祁等八位学士经 17 年共同修撰的《新唐书》,共 225 卷,以及欧阳修本人经过 17 年编著的《新五代史书》,都是以澄心堂纸起稿的。北宋皇帝宋徽宗赵佶,对书画颇有研究,曾用澄心堂纸作《柳鸦图》一画传世。北宋中晚期名震画坛的白描画家李公麟也喜用澄心堂纸作画,其代表作《五马图》就是在一幅澄心堂纸上,用精练简洁的线条勾描形体并加以渲染,描绘了五匹马的不同神态。被誉为我国"法帖之祖"的《淳化阁帖》,其初拓本也是用澄心堂纸、李廷珪墨拓制而成的。这些书籍、拓本和绘画正是由于使用了此纸,才流芳百世。无怪乎北宋诗人梅尧臣在接受好友欧阳修赠给的澄心堂纸后,竟爱不释手,"把玩惊喜心徘徊",简直高兴得忘乎所以,并诗兴大发,赞誉此纸"滑如春冰蜜如茧",一纸价格值百金。另北宋诗人欧阳修、刘敞等也有诗咏赞此纸。

由于澄心堂纸名誉较高,备受人们喜爱。据说宋时的制墨家潘谷在歙州仿造其纸,世称宋仿澄心堂纸。据北宋苏易简《文房四谱》中载:"黟县多良纸,亦有凝霜、澄心之号。"此纸较为单薄,远不如古纸精光厚密。尽管其仿纸较古纸质量欠佳,却仍受人们青睐。另有一种行间多种界格线的仿澄心堂纸,被称为乌丝栏纸,更是书家所喜用的纸品。此种纸纯属对竹木简的模仿和唐以前手卷纸书的边栏界行的继承,为依其界格临帖习字,提供了极大的方便。

北宋时,全国各地寺院佛经刊印风靡一时,宋太祖开宝四年(971),政府曾派人到四川成都依《开元释教录》所载藏经,全部刊行,历时 12 年,完成 5000 多卷,开创我国刊印全部藏经之始。内容丰富而又庞杂的《道藏》一书,也始于宋时刊印。这需要有很大数量的优质纸,当时的苏州、歙州均设有造纸作坊,大量生产这种供刊印经书的纸张——藏经纸。当时浙江海盐(今浙江海宁市)金粟山下有一金粟寺,此寺内藏经需纸较多,专门需用这种纸刊印藏经,所以这种纸也称为金粟笺或金粟山藏经纸。宋代金粟山藏经纸,因其纸内外皆以蜡涂之,还称为蜡黄经纸。此纸一时名贵,为人所重,后历代均有仿制者。经近人研究,其纸以桑皮或麻为原料制作而成。现存实物《大藏经》的部分经文即用此纸所印。这不仅为《大藏经》的刊印流传提供了可靠的物质基础,而且有利于对佛教的研究。仿澄心堂纸到了南宋,处于尾声,南宋书家陈槱《负暄野录》中载:"今亦有造者,然为吴、蜀所掩,遂不盛行于世。"

北宋末年,安徽黔州、歙州一带以韧皮纤维为原料,制作一种纸质柔韧而薄、纤维交错均匀的巨型纸张——皮纸,也称为匹纸,有的长达3丈至5丈,比唐时皮纸要大得多,其制作方法全为手工操作。北宋苏易简《文房四谱》中有记载:"数日理其楮(楮皮),然后于长船中以浸之,数十夫举抄以抄之,傍一夫以鼓而节之,于是以大熏笼周而焙之,不上于墙壁也。"辽宁省博物馆藏有宋徽宗赵佶草书《千字文》帖本,即是用此大幅皮纸书写的。可见皮纸在当时已进入宫廷,成为皇帝御用之纸,其珍贵程度自不待言。

值得一提的是北宋谢景初受唐薛涛造笺纸之启发,在益州设计创造的一种十样蛮笺,即为十种色彩的书信专用纸。其色彩艳丽新颖,雅致有趣,有深红、粉红、杏红、明黄、深青、浅青、深绿、浅绿、铜绿、浅云十色。后人为纪念表彰他的功绩,因而称为谢公笺,常拿它和唐代薛涛笺相提并论,齐名竞夸。

除色纸外,北宋时还继承了唐时制作砑花纸(也称水纹纸)的技艺,生产一种纸面上有暗花波浪水纹等图样的纸,迎光照看清晰雅致,玲珑多趣,为一时之名纸。现藏北京故宫博物院的宋初书法家李建中的《同年帖》以及大书法家米芾《韩马帖》等,均为水纹纸。

北宋时,纸的来源除上代遗留的一部分名纸和当时的制作外,还把朝鲜等国纸张引入我国,这就更丰富了我国的纸品。

创制于唐时的竹纸,在此时有了长足的进步,已成为造纸行业中的一大品类。起初竹纸纸质粗糙,纸筋脆硬,不甚好用。时人苏易简在《文房四谱·纸谱》中曾载:"今江浙间有以嫩竹为纸,如作密书,无人敢拆发之,盖随手便裂,不复粘也。"北宋书画家米芾曾用纯竹料的早期竹纸书写《珊瑚帖》,并流传至今,现珍藏于故宫博物院。另现存晋书家王羲之《雨后帖》和王献之《中秋帖》等均为宋时竹纸的摹本。当时所产竹纸质地精良细白者为上品,多供人书写、拓印。清人张叔未曾说:"宋时越竹纸拓帖,墨光可鉴。"其粗糙者多供包装用,直到今天还沿用着。

另一品类藤纸的生产,在宋时以剡溪南天台山生产的为最,为当时的文人诗家所夸耀。北宋文学家、书画家苏轼《孙莘老求墨妙亭诗》中有"书来乞诗要自写,为把栗尾书溪藤"的诗句。当时文学家、史学家欧阳修也曾夸"剡藤莹滑如玻璃"。只因藤子历代作为造纸的原料,加之本身生长速度较慢,供不应求,宋以后原料供应不足,藤纸生产日益减少。

浙江一带除藤纸这一名纸外,温州、临安的蠲纸也名震全国,几近和澄心堂纸并驾齐驱,和高丽纸共享盛誉。此纸属桑皮纸。宋末元初人程棨《三柳轩杂识》中有载:"温州作蠲纸,洁白坚滑,大略类高丽纸。东南出纸处最多,此当为第一焉。"由于纸质较佳,制作精致,当时已列为贡纸,一些豪族权贵也大量收罗求索,致使纸匠很难完成纸张的生产,以满足各方的需要。1967年在浙江瑞安县仙岩慧光塔,发现北宋明道二年(1033)刻本《大悲心陀罗经》,用纸当属蠲纸一类。

北宋时的造纸业本来多集中于南方,宋室南渡以后,暂时保持着半壁河山。随着文化重心的转移,南方的造纸业仍处在发展中,各地均以独特的纸质著称当时。翦伯赞主编的《中国史纲要》中说:"江浙所制纸质厚色白,蜀纸质细而重,皖纸轻薄,建阳多自然色竹纸。"可见纸的种类很多,又各具特色,在我国造纸史上如灿烂的群星争相辉耀。就竹纸生产情况讲，产量极大，质地较北宋大有提高，纸质光滑、细白，易于书写，好着墨色，在竹纸中树立了楷模，用以书写、刻印书籍等，价格低廉，量大易得，为一时之盛。其制作方法，当时书家陈槱《负暄野录》中载："吴取越竹以梅天淋水，令眼稍干，反复锤之，使浮茸去尽，筋骨莹澈，是谓春膏。其色如蜡，若以轻墨作字，其光可鉴，故其笺近出而遂与蜀产抗衡。"从而可看出竹纸在当时影响之大，不仅名震江浙，还远销四川，和徽纸一道与蜀纸抗衡争行，大有取而代之之势。元费著的《蜀笺谱》中有其记载："四方例贵蜀笺，益以其远号难致。然徽纸、池纸、竹纸在蜀，蜀人贵其轻细，客贩至成都，每番视川纸价几三倍。"可见竹纸受到四川人的推崇，而且还影响到蜀的造纸业，当时川人多仿造此纸。

宋代整个徽州的造纸业呈现出一派欣欣向荣的景象，造纸技术也相应地有所提高，纸品名目繁多。弘治《徽州府志·物产志》就有进剳纸、龙须纸、殿剳纸、京帘纸、观音纸、堂剳纸等记载；《宋史·地理志》书中有白苧纸、白纸作为徽州府进献皇帝的贡品的记载。宋时设置金陵、太平、宁国、广德等地为江南东地，故徽州又是江东纸的著名产地，宋朝诗人王令曾赋诗赞誉江东纸"纸白如春云"，从此也可看出徽纸胜于蜀笺的奥秘所在。池纸是产于当时池州（辖地相当于今安徽贵池青阳、东至等地）的一种细白纸，质量佳绝，当时和徽纸齐名，争雄于蜀地。

以制造宣纸而驰名中外的泾县，其造纸技艺是在此时开始传入的，泾县《曹氏宗谱》中就有这样的记载："曹大三于宋末争攘之际，烽燧四警，避乱由南陵（今芜湖地区）之虬川，迁至泾县小岭山区。"曹大三因见此处环境幽静优美，檀树茂盛，泉水洁净，四季长流水，便欣然安居，设坊造纸，世代为业。因檀树皮纤维长而细胞壁较厚,加之优良的稻草,所造之纸质地坚柔、细白、平滑、匀整耐用,使泾县纸高出其他纸一筹,因产于泾县被称为泾纸、泾县纸,从而奠定了在中国文化史上的地位。

当时在安徽歙州、绩溪交界处的龙须山一带仍继续生产在唐代已经出名的龙须纸。其原料纯以多年生草本植物龙须草而为之。龙须草俗称蓑草,高达 1 米,秆密集丛生,叶为狭线形状。全草均可造纸,同时也是人造棉、人造丝的好原料。所造纸张洁白细韧、拉力好、寿命长,为纸中之上乘。当时龙须山为出佳纸之地,另有麦光纸品,多为书画家所喜用,诗人也常以此纸为题,挥笔赞颂,宋苏轼曾有"麦光铺几净无瑕"的妙语,清王文治《论书绝句》中也有"麦光铺案写秋阴"的诗句,都流露出诗人对麦光纸的景仰。此地所产白滑纸、冰翼纸也都曾作为进献皇帝的岁贡。特别在北宋熙宁时,曾以千张之巨的白滑纸作为奉给宫廷的贡品,同时凝霜纸也名重当时。

蜀(今四川)地生产一种布头纸,即以机余布头为原料,经加工制作而成,故名布头纸,因质地细腻名扬天下。南宋书家陈槱《负暄野录》中载:"布缕为纸,今蜀笺犹多用之。"纸质较厚者,遇水滴则凹凸不平展,薄而清莹者方为上品。实际上这种纸仍是麻纸。蜀纸在南宋时随着徽纸的流入,促进了造纸技术的改革,影响川笺仿造宣纸,使蜀纸浸润具有宣纸的特点又不失蜀纸风格。这是与纸匠们高深的技艺所分不开的。

当时建阳(今福建省建阳市)生产一种椒纸,因用椒汁浸染制作而名。此纸比金粟笺单薄有光,纸质较坚固,经久耐用,多受书坊喜用,名扬当时。椒纸具有防虫蛀、利久放等特点。清叶德辉《书林清话》中载:"椒纸者,谓以椒染纸,取其可以杀虫,永无蠹蚀患也。"

　　南宋时的色笺制作已相当精致，其色多种，尤以淡黄、红色笺最受人们所欢迎，珍藏故宫博物院的宋代理学家朱熹《教授学士帖》、宋书家张九成《问讯帖》以及宋叶梦得《人至帖》等均为淡黄色笺；南宋书家张孝祥、诗人范成大的书札，则多用红色笺书写。

　　整个两宋时期，造纸业一直处于发展阶段，而用纸量也随之增大。当时的造纸工人创造了一种再生纸，这种纸省料、省时、见效快，制造则以废纸为原料，洗去墨迹脏污，浸烂后入槽再造，省去煮、浸等工序，经加工后恢复它原有的性能，成为新的纸品。人们也称它为还魂纸或熟还魂纸。中国历史博物馆藏北宋时写本《救诸众生苦难经》以及北京图书馆所藏南宋时江西刻本《春秋繁露》，经有关人员研究，认为是宋时的一种还魂纸。从此可看出我国劳动人民的勤俭美德和聪明才智，开我国废物利用之先例。

　　宋时各地造纸业的发展，给印刷业提供了有利的条件，在一些盛产纸张和文化发达的地区，都先后出现了一批雕版印刷业的中心。北宋时除首都汴梁以外，四川眉山（文人汇集区）、福建建阳、浙江杭州已成为三个较有实力的雕版中心。南宋时又有新的发展，特别是到孝宗时，解除了刻书之禁，中央政府、地方政府、各地寺院、私人书坊刻书极为盛行。当时饶州（今江西上饶市）、建康（今江苏南京市）、池州（今安徽池州市），都已成为刻书业较为发达的地方，刻印图书的数量之多、技艺之高，实属空前。据载宋徽宗有书 5 万多卷，民间书肆刊印也不计其数。当时书肆异常活跃，据载，北方的书肆常常派人到北宋收购书籍，购回加价十倍卖出，获利甚大。一些书商常常不顾北宋书禁之令，往返于宋辽之间。当时文学家苏辙曾发出感叹："虽重为赏罚，而不能禁。"南宋书籍将近 6 万,特别在南宋首府杭州众安桥一带,书铺林立。为应付当时社会需要,附有插图的平话讲史小说一类也大量刊行。如此浩繁的大作巨著,其纸墨精良、字体优美,印刷质量较高,完全依赖于当时纸张的丰富和薄、软、轻、韧、细的纸质及印刷技艺的提高。宋仁宗庆历年间布衣毕昇又在杭州发明了胶泥活字排版印刷术,比德国人古腾堡发明活字印刷机早 400 年,这对当时的印刷业起了很大的促进作用,流传至今的宋刊印的书籍有 600 种之多,形成了我国印书的黄金时代。

宋时开刻帖和金石学之风,其椎拓用纸不仅耗费大,而且用纸极为讲究,这就有力地刺激了当时造纸业朝着多样化、高质量的方向发展。纸张有薄有厚,薄纸多为拓帖之用,拓碑石则喜用厚纸。马子云《碑帖鉴定浅说》记载了宋时碑帖用纸的概况:"关于拓本纸张,多见而又较早者是宋拓之纸,其纸以麻为原料,称白麻纸,颜色白中带些青灰,不如后来宣纸白。"大量的古代书法遗产,正是靠其优质的纸张和精心拓印而保存下来的,从而也使拓墨成为一门专艺,"唐摹宋拓"作为一代绝技而传誉后世。

宋时开创了以金石为研究对象的新学科——金石学,常需用大量的具有吸墨性能好、坚韧耐用、匀薄细密的优质拓片,这又开一用纸新天地,有力地促进了纸产品的更新换代,以适应新兴学科的需要,这样在宋代出现了第一部以青铜器铭文为内容的法帖《历代钟鼎彝器款识法帖》,共 20 卷,著录历代彝器 500 多件,是研究书法艺术和古文字学的重要资料。拓碑石用纸,宋时一般都用构皮纸,明人郭允伯曾说:"关中以构皮造纸(我国在东汉时就已能造这一种纸),宋拓中之丰碑巨制多以构皮纸为之,取其宽幅而质厚也。"试想如没有质厚幅大的纸张,想要如实地复制下精美的拓本谈何容易。一个稀有的拓本往往千金难得,价值连城。正是宋代高超的拓印技艺和精湛的造纸艺术,才为我们保留下来大量的古代书法遗产和历史资料,至今仍是人们学习书法、研究古文字学等的重要资料。

由于商品货币关系日益发展,在北宋初年造纸业和雕版印刷业的中心之一的四川,商人私自印刷发行纸币,也称为交子。这是中国最早的纸币,也是世界上发行最早的纸币。据考证,这种纸币以黄蜀葵、杨桃藤等植物为原料制作而成。宋仁宗天圣元年(1023),官府夺取了私家发行纸币的权利,在四川益州设置专局,作为专门负责印制发行纸币的机构;到哲宗元符元年(1098),纸币发行数量大为增加,使用纸币的地区也越来越多,北宋政府便在开封设置了交子务,专门负责纸币的发行。我国纸币的创造,一方面说明了当时造纸质量和加工技术的提高,另一方面又为纸的用途开拓了一个新的领域。

南宋时,纸还被应用到人们的衣食住行当中。南宋爱国诗人陆游和著名理学家朱熹交往甚密,朱熹曾送给陆游纸被,陆游欣喜万分,作《谢朱元晦寄纸被诗》赞扬:"纸被围身度雪天,白于狐腋软于绵。"用优质佳纸做被,数层之间有空气隔绝,抗寒保暖性能颇佳,绝非诗人过夸。另外,宋代纸还被人们发展成为一种美化环境、丰富文化生活的剪纸艺术,其范围相当广泛,种类繁多。有的将剪纸贴在窗上、门楣上做装饰;有的把剪纸作为礼品装饰之用;有的用剪纸装饰彩灯,增加节日的欢乐气氛;有的将剪纸用于工艺装饰。宋周密《志雅堂杂钞》中载有当时汴京(今河南开封)剪纸的情形:"旧都天街,有剪诸色花样者,极精妙,随所欲而成。其后忽有少年,能袖中剪字及花朵之类更精,于是独擅一时之誉。"大量的优质纸张是剪纸艺术出现的客观条件。

宋时造纸术继续向西传播,公元1100年在摩洛哥等地陆续创设造纸厂;公元 1150 年,西班牙开始设槽造纸,在萨地瓦创立了欧洲第一个造纸作坊;公元 1189 年传入法国南部,而后在中部也相继建立纸坊。至今在法国的安贝尔市郊,还有一个用中国古代造纸方法而造纸的作坊,多用手工或原始的机械(如水轮、木槌、石臼等)抄造,制出的纸张质地粗糙,薄厚不均,多为游客争相购买。作坊旁边建有一个蔡伦馆,馆内存放着中国早期的汉字木刻版,摆设着用中国古老的纸张印刷的中国书籍,陈列着中国各个历史时期所生产的纸品。馆内墙壁上悬挂着一幅巨型壁画,清楚地显示着造纸术从中国传入西方的路线轨迹,告诉人们造纸业发展的历史。可以看出世界人民对蔡伦的敬意和对造纸故乡中国的友好情谊。

总之,宋时是继唐代以来造纸业的又一重要发展阶段,众多高质量的纸品,不仅为宋时书画艺术及民间艺术等的发展提供了必不可少的基本保证,同时也给印刷业的繁荣创造了必要条件,使当时的雕版印刷进入了全盛时期。

六、元明造纸业的起伏

元代结束了从唐末以来国内分裂割据和几个政权并立的政治局面,实现了国家的统一,促进了各民族之间的经济文化交流,为科学技术、手工业等的发展创造了良好的条件。但由于元朝统治者实行民族歧视政策,对社会生产的发展也起到了一定的阻碍作用,纸的生产也受到很大的限制。特别是元末,由于岁贡的加重,造纸匠多逃离他乡,造纸业至此衰落。

南方的徽州地区,由于处于"山高皇帝远"的特殊环境之中,其造纸业保持着昔日的兴隆景象。明屠隆《纸墨笔砚笺·纸笺》中有详细记载,宋元时,徽州所产纸品就有团花笺、藤白纸、观音帘纸、鹄白纸、大笺纸、碧云笺、龙凤笺、春树笺等近十种品类。特别是笺纸的制作更富有艺术性,华贵并饰有花纹,形美典雅,备受喜爱。

元代南方以嫩竹为造纸原料,制造生产一种连四纸,其方法是用石灰处理的嫩竹浆,经漂白、打浆后用手工抄造而成。纸质较前代更为精致,洁白匀细,经久不变,是当时书籍印刷和书画的常用纸。因其纸背有连二、连三、连四笺,故称连四纸。明清后又讹称为连史纸,较厚较白的又称为海月纸。

江西生产的白箓纸,原为龙虎山(今江西省贵溪市西南)张道陵书写符箓用纸,到元时大露锋芒,名扬一时。其纸质稍厚、富有韧性,有碧、黄、白三品。白者莹洁为上品,大书画家赵孟𫖯平生多用此纸,并有墨迹传世。书法家鲜于枢的传世墨迹也多用此纸书写。其幅阔而长大的纸品又称大百箓。据说后人因嫌白箓不雅,遂称为白鹿纸。其碧、黄纸品质地颇粗而厚,多作为装裱册页镶边之用。

浙江绍兴制作的笺纸较佳,明曹昭《格古要论》中曾记载有彩色粉笺、罗纹笺、花笺以及黄白蜡笺等。特别是黄白蜡纸的制造,其量之大史无前例。而欧洲制造蜡质涂布纸则在公元1868年才问世,比我国晚1200年左右,这有力说明了我国劳动人民所特有的聪明才智。蜀中(今四川)造纸业在宋末元初时仍息息不断,其生产的麻纸,有玉屑纸、屑骨纸流行。当时还有一种比一般常用纸长的花笺纸。因幅阔长,易于纵情放笔,可写诗词百韵,最受文人雅士所好,故称百韵笺。纸骨柔薄的仿苏笺,上印金银花纹,为一时花笺名纸。这种花笺多为诗人所赞颂,元伊世珍《琅嬛记》中曾有"花笺制叶寄郎边,江上寻鱼为妾传"的情诗语句。从这里可以揣想,花笺纸在元时人们生活中的广泛运用。

关于元时的纸品,明书家董其昌《筠轩清秘录》书中还有黄麻纸、铅山纸、常山纸、英山纸、上虞纸等的记载。

元时除地方设有纸坊外,宫廷中也专门设有对纸进行艺术加工的机构,所造纸品质量佳绝,为一时之最,专供内府中使用。因纸上制有泥金隶字印"明仁殿"之标记,故称为明仁殿纸。此纸多为清时所推崇仿制。

始于晋时的桑皮纸,在元时的生产较之前代更为精致,而且在防霉变、防虫蛀等技术方面也有所提高。元世祖忽必烈即位时(1260),由于农业、手工业、商业发展极为活跃、繁荣,纸币交钞的发行已至关重要,至此朝廷开始掌印钞权,由户部负责钞法流通之事。同时下设有抄纸坊,礼部设有白纸坊,印刷和造纸的规模都相当可观。至公元 1264 年,纸币发行已遍及全国各地。元末随着社会逐渐走向衰亡,纸币也由稳定向贬值方向发展,到公元 1353 年,年发行量达 600 万锭。如此众多的交钞,均是用桑皮纸所造的。作为价值符号的古纸币首次在商品中大量流通,担负起作为千家万户交换商品的工具。在当时如没有高质量、多数量的皮纸生产,是根本无法完成的。

元时,统治者为进一步巩固自己的统治地位,一改以往只谙弓骑、未遑文事的习俗,逐步学习汉人的文化及儒家的统治思想,并先后采取兴学立教、保护工匠等一系列政策,使得原有的文化事业得以保存、恢复和发展。雕版印刷业由于有着两宋时的坚固基础,在北京、杭州、建阳、成都、安徽等地仍形成一时的兴旺景象,现北京图书馆里藏有一部元朝大德年间(1297—1307)刻印的《梦溪笔谈》的古版刻本,其纸为精制皮纸,历经600余年仍新如当初,可见纸质之精。

元代王祯(生卒年不详)创制的木活字印刷,在当时就已经传播开来,应用范围逐渐扩展。公元1298年,王祯做成3万多个木活字,试印了自己编写的《旌德县志》约计6万余字,不到一个月就印成百部,其效率显著提高。这就是我国第一部用木活字印的书,但早已失传。印刷业的这一大改进,促进了售书业的发展,使之出现了建安书林这样跨越元、明两代的老字号书坊。

剪纸艺术在元时较流行于民间,并作为人们追求美好生活的精神寄托。清赵翼《陔余丛考》中载,元时"吴俗久雨后,闺阁中有剪纸为女形,手持一帚,悬檐下以祈晴,谓之扫晴娘"。此活动多在农历六月多雨季节举行,至今苏北农村还保留着这一习俗。

元朝,尽管政府较重视手工业的生产,但多从满足蒙古贵族和官府的需要出发,在大都及附近设置了各种管理机构和官营作坊,以后又在建康、杭州等地设立织造局,在局院内的匠户都是从全国各地搜括网罗而来,专供生产皇家官府独用的产品,大量手工业者被长期禁锢在作坊或工场内,经常受到官吏的奴役、虐待,手工业生产创造性受到极大压抑。作为手工业之一的造纸业,又加上当时"岁贡"的加重,造纸匠们因完不成所需数量,怕受累加罪,多逃离他乡。元末造纸业出现了造纸产地萎缩、佳纸良品短缺的状况。

元代我国的造纸术继续向西传播,公元1320年传至德国科隆,对欧洲资本主义文明发展起到了促进作用。

明朝初期,政府实行新的工匠服役制度,规定工匠可以在服役以外的时间从事不同技术行业的生产和艺术创造,其产品可以在市场上出售。嘉靖四十一年(1562),朝廷颁布了轮班工匠以银代役的法令。这对工匠的人身控制束缚有所解放,有力地调动了广大手工业者的生产积极性,所以明时手工业之一的造纸业的生产规模也日益扩大,发展甚快,浙江、福建、安徽、四川、湖南、江苏等地都已成为重要的产纸基地。

安徽宣纸的产生可追溯到唐代,甚至唐以前的晋代,但名震艺林,为文人所推崇,却在明时。明代宣德年间,宣纸为文人墨客争相购用。不少好事者仰慕搜求,囤积居奇,一时间出现了宣纸奇缺的现象,致使当时宣州的宣城、泾县、宁国、太平一带,造纸作坊如雨后春笋一般应运而生,使宣纸生产进入了较兴旺的时期。当时,从新安一地所产纸品,就可窥视到当时整个造纸业的繁荣景象。仿宋藏经笺纸,是新安生产的著名纸品,深受书家所喜用。元末明初俞和所临《定武本兰亭序》墨迹本及明代文征明所书《四体千字文卷》均为藏经纸本。白棉纸也为当时纸中之上品,原料则以破布、旧棉絮而为之,纤维短而无结,易于成浆,制成纸厚薄均匀,洁白如宣纸,帘纹宽而明显,多用以拓碑帖之用,泉州明拓《淳化阁帖》即是白棉纸所拓成册。宣纸在明时既为民间所常用,也成为书画家的高级用纸;既是进献宫廷的贡纸,也是官府中的公文常用纸。

明时,浙江的纸张,时人评论仅次于江西之纸。产于该地由拳(今浙江嘉兴市南)一带的藤纸,始于晋时,成名于唐宋,到此时已处盛名之下其实难副的境地,一是由植物本身不宜生养所决定的,二是由于人为的随意砍伐,历经几代而不注意培植,加之生长缓慢,故藤纸生产到此时的数量已微不足道。另衢州(相当于今浙江衢州市)、常山等地也产藤纸,都以质量精细而深受人们欢迎。

浙江绍兴府等地所产的竹纸,以纸面光滑、富有韧性、吸墨易干、色泽不变等优点闻名全国。当时有一种较淡黄的竹纸,薄细而小,为拓帖之佳纸。因用墨较淡,所拓帖本有"纸如黄玉,墨似蝉翼"之称,被视为"无上神品"。

这时,福建的竹纸远不如南宋时的名声,质黑而粗糙,被当时视为下省纸。江西的竹纸,明末时声名在外,因其纸质细嫩,托墨吸水性能较好,既适宜习字,又可用于印刷古籍,其中以毛边纸为最。其实毛边纸,边并不毛,据说明末藏书家毛晋性嗜卷帙,广搜古籍,藏书8万余卷,并以竹纸传刻书籍,曾风行天下,所用纸张极为讲究,用纸量又大,毛晋预先到江西纸厂定制一些厚实的纸张,然后在其纸的边上盖上一个"毛"字印章,久而久之,人们便称这种纸为毛边纸。因此纸稍厚,比它稍薄一点的又称为毛太纸,至今这两种纸名仍在沿用。

竹纸在明时得以大量生产、广泛使用,故宋应星在《天工开物·杀青》篇中较系统地总结了造竹纸的经验,从用石灰水浸泡、煮沸、发酵到成浆、荡纸、烘干等具体做法,叙说颇细,并附有制作全部过程的操作图样,真可谓图文并茂,这对当时的竹纸生产起了很大的指导作用,有力地促进了竹纸的生产。另外该书对皮纸、彩色纸、包装纸等十余种纸的制作原料方法、产地均有记载,不愧为我国造纸领域中积累经验和技术工艺理论总结的一部巨作。

江西除竹纸生产外,整个造纸业在日益扩大,从事造纸业的人口在逐渐增多,零散的造纸作坊还发展成为相当规模的造纸工场或纸厂。康熙年间的《上饶县志》中记载,明时江西上饶县石塘镇"纸厂槽(古时土法造纸的器具,用砖石砌成,在其中抄纸,因是造纸的主要设备,故称槽坊、槽厂,又代指纸坊)不下三十余槽,各槽帮工不下一二十人"。这种各槽人数的定额编员在当时都有明细的分工,分工的加强标志着造纸业生产的大力发展。南丰(今江西东部,抚河上游)大篓纸不仅畅销国内,而且还销往海外。当时临川(今江西抚州市临川区)小笺、上虞(今浙江东北部)大笺、常山(今浙江省西部)榜纸等均为江西之佳纸。明时还在江西设立了造纸官局,为国家造纸部门,所生产的清江纸、奏本纸均为纸中之上品。

　　江苏松江府生产的谭笺纸品又称谈笺,为一时之名纸。其中以玉版、玉兰、镜面等品类为最,纸质柔韧,润滑耐用。关于谭笺的制作方法,屠隆《考槃余事》中载:"松江谭笺不用粉造,以荆川连纸褙厚砑光,用蜡打各色花鸟,坚滑可类宋纸。"据说,当时有伪造谭笺者用冒牌货以次充好,以假乱真,借用其谭笺的声誉。

　　陕西凤翔县造纸,继续以汉蔡伦时选用的造纸原料和造纸法生产纸张。充分利用当地的旧麻品,如旧绳头、破麻袋、废麻鞋、烂麻布等,制造出一种白麻纸,称为凤翔白麻纸。所造纸质强度大、易受墨,为当时书画必需的材料。又因此纸每百张重约一斤,故又称为百斤纸。

　　明时各地出现的手工工场比以前的手工作坊增大了规模,机户和雇佣工人之间的关系已开始出现了资本主义生产关系萌芽,纸张的生产确比以前前进了一步。就连皇宫内府也特设造纸机构,当时的司礼监就有编制纸匠 62 人,专门生产供应宫廷用纸。其纸品类有宣德纸、大玉版纸、大白板纸、大开化纸、毛边纸等。宣德年间宫廷中所用宫纸宣德纸最为著名。此纸富丽堂皇,精美至极。其名目有五色粉笺、金花五色笺、五色大帘纸、磁青纸等。特别是磁青纸,经加工制成羊脑笺,黑如漆,明如镜,防虫蛀,用以写经经久不坏,造纸技艺如此高超,令人惊叹。宣德纸后从宫中传出,名扬当时。明代书法家董其昌墨迹多用宣德纸写成并传世。

当时官办造纸远远不能满足官府所需,每年除各地的贡纸外,还要从各产纸地收集上万张,甚至数十万张佳纸良品。明洪武二十六年(1393),当时政府用来印造茶盐的运销和纳税的凭证、契税本、户口簿等项用纸,就多达上百万张,这些用纸均摊派给各产纸地。据明《会典》中记载:"陕西十五万张,湖广十七万张,山西十万张,山东五万五千张,福建四万张,北平十万张,浙江二十五万张,江西二十万张,河南五万张,直隶三十八万张。"从这一侧面,既可看出明时造纸业庞大的规模和区域造纸的广泛性,也可以看出当时纸张消费之惊人。

明代我国的造纸术继续外传。1494年英国开始造纸,1567年俄国人学会造纸。

明时纸的大量生产,为卷帙浩繁的巨著问世做出了巨大贡献,促使当时印刷业得以发展,官刻和私刻的各种书籍的品种和数量都超过前朝。明刘若愚《明宫史》中曾详细地记载了《佛经一藏》一书的用纸情况,该书共用白纸45023张、黄毛边纸570张、白户油纸10895张。可见当时印书用纸量之大。明成祖永乐年间编成的《永乐大典》是我国最大、最著名的抄本书,也称写本书。全书辑入古今各类图书七八千种,成书22937卷,其中目录占60卷,装成11095册,总字数约3.7亿字。到明穆宗隆庆元年(1567)先后缮写正副两部,分藏南京和北京两地。这一名贵典籍既是我国古代,也是世界上最早最大的百科全书,同时也是世界上最厚的书。明代纸的发展也为小说、戏剧书籍的问世和医学、农学、地理学等科学巨著的成书提供了极大的便利条件。闻名于世的古典长篇小说《水浒传》为元末明初人施耐庵写成,流传至今的繁本便是明嘉靖时的刊本;明罗贯中的长篇小说《三国演义》现存最早的刊本也为明嘉靖时印制而成;明朝中叶吴承恩的神话小说《西游记》也刊行于世;还有李时珍的医学巨著《本草纲目》、徐光启的《农政全书》、徐弘祖的《徐霞客游记》等,这些辉煌的巨著,已成为我国古代文化中的瑰宝。

明代名品佳纸的涌现,也为众多书法名家提供了充足的书写材料。据说明代书法家宋克习书练字时,关起门来"日费千张",成为明时受人称颂的书法家。众多的纸品,又为明代盛行刻帖拓印之风起到推波助澜的作用,为丰富多彩的拓本的问世提供了必不可少的物质保证。拓帖用纸,除少数用旧纸仿宋拓外,一般早期的多用罗纹纸、镜光纸,晚期的多用竹纸。碑石椎拓用纸多以纸质坚韧厚实的黄棉纸或白棉纸,被称为"旷世奇品"的明拓本《汉鲁峻碑并阴额》即是黄棉纸重拓而成,明拓本《泰山刻石》为白棉纸深墨拓。

明时纸张已在人民日常生活中普及开来。在春节贴春联的习俗始于明时,可说是纸张在人民生活中的一大普及。明代初年,明太祖朱元璋在帝都金陵(今江苏南京)曾传旨:"公卿士庶家门上须加春联一副。"使得官民家门于除夕一律贴上大红春联,全城满目一新。据说朱元璋曾在首都城里着便服察看,并替一劁猪为业的穷苦人家亲自书写对联。经此,贴春联成为一种普遍的习俗,一直沿至今日。

明时纸币的运用更显示其很大的方便性。明太祖洪武八年(1375)印制的壹贯钞,为桑皮纸制作而成,长约 33 厘米,宽约23 厘米,面值壹贯。这是世界发行纸币史上的最大纸币。纸还在其他艺术门类中发挥了不可估量的作用。明代剪纸艺术,尤以广东佛山剪纸最为著名,不仅销售国内,还远销东南亚一带。处于鼎盛时期的朱仙镇年画,多以河南产的草纸、粉连纸、连丝纸、本胎纸、雪连纸、有光纸印制而成,以色彩鲜艳、沉着古朴、经久耐晒、不易变色而著称于世。当时每年产量在几百万份以上的还有著名于明代的苏州桃花坞年画,大量始制于明代的天津杨柳青年画,创始于明末的山东潍县杨家埠年画。

明朝末年,由于地主阶级对手工业者和农民剥削的加强以及清军入关以后的烧杀抢掠,手工业的生产和整个社会经济的发展都遭到严重的破坏,到处呈现一片萧条的景象。随着这一社会矛盾的加剧,造纸业及其他手工业者已经开始作为一支革命力量投入到反封建压迫的斗争行列之中。

七、清至民国造纸业的兴衰

清朝统治者为了巩固封建统治地位,缓和阶级矛盾,逐步调整和实行了一系列稳定人民生活的政策,特别是在手工业中废除了匠籍制度,使统治者对手工业者的人身控制进一步松弛,手工业者可以利用较多的时间进行自己的生产,所以手工业之一的造纸生产又有了进一步的发展。

清时,全国一些大中小城市与集镇遍及造纸作坊和造纸工场,有官办的、民办的,也有私人自造的,特别是江南各地具有资本主义性质的造纸和对纸张进行工艺加工的作坊逐渐增多。乾隆时,仅苏州一地就有染纸作坊33家之多,雇用工人800余人,平均每个作坊20多人。这些手工业者多为工场主所雇用的短工,与主人"平等相处",如不欠工银,也可辞工不做。雇工与坊主的关系是"按日按工给发"货币工资的雇佣关系。这种以工取值、按件计酬的货币工资的雇佣关系,说明了在当时造纸业中较典型的具有资本主义萌芽性质的手工工场已经涌现,而且每个作坊内的整个生产过程的各段加工也较序列化。以染纸加工为例,一般要经过刷、托、洒、推、梅、插、拖、表等8种工序,方可加工成成品纸,而且专门设有拖胶匠、刀纸匠、粘补打杂匠等,各负其责,各司其职。这在当时对手工业的发展起了一定的积极作用,生产效率也相对地提高了。

此时,徽州宣纸的生产,可说是宣纸生产的较兴旺时期。除歙县、绩溪、休宁、黟县、宣州、池州继续生产宣纸外,又有清初皖南的宁国、太平、泾县三县,后又逐步扩展到广德(今安徽广德县)、郎溪(今安徽郎溪县)两县地,形成了相当大的宣纸生产基地。这时的造纸已开始用水力带动水碓取代人工打浆的新工艺,有力地提高了工作效率,满足了后道工序的需要。当时诗人赵挺挥曾目睹造纸之盛况,满腔热情地赋诗以描绘宣纸生产的情景:"山里人家底事忙,纷纷运石迭新墙,沿溪纸碓无停息,一片春声撼夕阳。"正是由于劳动人民不断地制作创造,才使宣纸制作日益精妙,为历代书画家所崇爱。

这时宣纸的制造,除采用水碓机械打浆新工艺外,在原料的取舍上,也由以前百分之百的青檀树皮发展到半皮、七皮三草(即以多量檀树皮和少量而优质的稻草等)混合配制造纸原料的新方法,纸产量随之大幅度增加,纸的质量也不断提高,纸品丰富多彩。其后宣纸也因原料掺入比例不同,而出现特净料、棉料、皮料三大类,每一大类又按尺寸长度分为四尺、五尺、六尺、棉连,有较厚的单夹,把原漂单层的两张纸合并为一张的双夹,以至有三层或更多层的夹宣,这样的纸又常称为生宣纸。因是直接从纸槽抄出来经烘干后未经加工处理的原纸,具有浸墨易渗化的特性,极适用于大幅写意画和行草书体。而八尺、丈二、丈六以及札花属特净类,为宣纸中最大规格者,这样的尺幅,即可用作书画,还多用于发榜,至今北京故宫博物院还藏有清乾隆时榜纸。丈二宣纸也称丈二匹纸,以重量而命名。札花宣每百张重 1.5 公斤,是宣纸中的最轻者,有"薄如轻纱"之誉。

宣纸除生宣外,还有一种是把造成的生纸经过上矾水、拖骨胶、涂色、洒金、洒云母、加蜡、研光等工序加工制成为矾宣,也称为熟宣。这种加工纸名目就更为复杂,有染以黄色斑点的虎皮笺,纸质较薄的煮睡笺,极薄的蝉翼笺,较厚的叠宣、玉版宣,在纸上饰以金银片或金银粉的冷金笺、灰金笺,在纸上洒云母粉的云母笺,以及槟榔、珊瑚、素宣、朱笺、雨雪等。熟宣纸尽管种类多,其共同特性是不受墨,不晕染,极适用于工笔画和楷隶书体。

由于宣纸纸品丰富,用途广泛,制造工艺也独具匠心,已成为历代书画艺术不可缺少的高级用纸。

清时,宣纸的制造除手工作坊外,也在安徽设立官办造纸厂,其品种已达几十种,颜色也相当丰富,以供宫廷官府中各方面用纸的需要。

个人造宣纸也有较突出的代表人物。清中叶泾县东乡泥坑老汪六吉,造出一种最薄纸,名为净皮,又名小七刃,还称六吉宣、六吉棉连或汪六吉纸。汪六吉自誉为"全球第一",此后,泾县各造纸厂所生产的宣纸半成品均称毛六吉,在造纸史上占有一定的地位。

康熙时,杭州造纸良工王诚之以特制的细竹帘,用铜线在竹丝上编成罗纹图案,极为精巧。原料经过所制的竹帘,纸上就出现较清晰的阔帘罗纹图案。人们称这种纸为罗纹宣。王诚之因此也被人们推崇为造纸高手。

创始于唐代的竹纸,自明中叶广泛使用后,其生产量有增无减。清时,竹仍然是造纸的主要原料之一,竹纸生产已较为普遍,原产于江西横江和福建的龙岩、连城等地的毛边纸又崛起于当时。其制作方法,仍以嫩竹经石灰浸泡处理后捣以成浆,纯以手工抄造而成。其纸经历代制作和实践,不断总结经验,到清时有不少纸品日臻完美,纸质细腻,柔软坚韧,吸水墨性能较强。较厚的毛边纸又称玉扣纸,江西产的一种仿毛边纸又称重纸,是当时的常用纸。

清时产于江西铅山、福建邵武等地的连史纸,在宋元时已经问世,当时称连四纸,纯以嫩竹为原料制作而成,纸质洁白,柔软匀薄,同样是毛笔书写的最佳用纸,也是当时拓印碑帖的常用纸张。

道光初年(1821),竹纸产地已扩展到陕西汉中一带,定远(今陕西省西乡南)一地纸厂多达 100 多个。西乡(今陕西省西南部西乡县)有纸厂 20 多个。另外,洋县、华阳地也设有小型纸厂,其工人数目,大厂约有纸匠 100 多人,小厂也不下 50 人。这里的匠作,当地人极少,多是工厂厂头从安徽、广西、广东等地雇募而来。他们之中有的人为了谋利,有的人为生活所迫,基本上是一无所有的雇佣工人。通过他们的劳动创造,这里造纸业有很大的发展,尤以竹纸最为著名,如毛边纸、圆边纸等。另有一种竹纸加工纸也较闻名,其方法是在制造竹纸时加上一种姜黄(一种多年生草本植物),使纸表呈现黄色,故称为黄表纸。此纸多为清时科举制度所赐为进士者张榜之用,而又称为黄甲、金榜。中进士者称为金榜题名,这个词至今仍被众口传诵。当时所造竹纸最大者又称为二则纸,清严炳文《三省边防备览》书中有其详细记载。

贵州也是竹纸的重要产地,但其声誉和影响远不如"名甲天下"的皮纸为高。值得一提的是创始于清雍正十年(1732)四川德格印经院印经书的纸张,则是名著当时。其纸专门采用当地生长的一种叫"阿交阿交"的草根作为造纸原料,有韧性,并有防虫蛀鼠咬的性能,印刷、存放经久不坏。此纸除印刷各种经书、佛像外,还印藏文的天文、地理、历史、文学、宗教等方面的知识典籍。德格印经院也和拉萨布达拉宫印经院、日喀则印经院并称三大藏文印经院,堪称藏族文化的宝库。

除上述各地所造优质纸品外,一种供题诗、写信等用途的笺纸加工制作之风又盛行当时。其加工技艺多为前朝历代之遗制。笺纸的种类相当繁多,出现了各种色彩的蜡笺、冷金、泥金、泥金银加绘、砑花纸等品种。笺纸的内容一般可区分为山水笺、花鸟笺、人物笺等门类,在质地上多推崇白纸地和淡雅的色纸地,在颜色上多以鲜明静穆为尚。郭味蕖编著的《中国版画史略》中有其详细的记载:"颜色多用银红、鹅黄、浅绿、浅青,古艳照人心目。"

光绪年间仅北京一地,开设作坊及大规模制作笺纸的南纸店就多达数十家。当时,宫中及安徽泾县等地也多有此纸生产。其名品有依照宋时金粟山藏经笺制作的仿金粟山藏经笺,内外皆"蜡摩光莹",当时多用于装潢书画;有仿五代南唐宫中御用澄心堂纸制作的仿澄心堂纸,是一种彩色粉笺,用泥金绘以山水、花鸟图案,极华贵雅致;有依照元代内府使用的艺术加工纸明仁殿纸制作而成的仿明仁殿纸,两面以黄色粉加蜡,纸上多用泥金画以图案,纸背洒以金片,更显得富丽堂皇,价格极为昂贵。今故宫博物院仍藏有大幅仿明仁殿描金如意黄色粉蜡笺。康熙至乾隆年间大量制作粉蜡笺,在五色纸上施以粉彩,加蜡砑光,再以泥金或泥银绘以各种图案,各种笺纸的制作在清时已达到精美绝伦的地步。

这一时期,我国的造纸术在国外继续扩展,公元1690年美国从荷兰传入造纸术,在费城建立了美洲第一家造纸作坊。1303年造纸术开始进入加拿大,仅仅一百年的时间,加拿大已成为造纸工业比较发达的国家。纵观这一时期,造纸术在世界各地有了突飞猛进的发展。同时,世界造纸行业中出现了五大技术革新。1750年荷兰人发明了荷兰式打浆机,缩短了造纸的主要过程。通过纸浆的机械处理,使纤维形状和物理性质发生变化,以满足多种纸张的质量要求。1798年,法国人N.L.罗贝尔发明了第一台长网造纸机,1804年在英国正式投产,使用这一纸张抄造的联合设备,比人工抄造大大节约了时间,加快了造纸的速度。1844年,德国人F.G.凯勒发明了制造机械纸浆的主要设备——磨木机,为利用木材制取不用化学药剂的机械浆开拓了新途径。其方法是将去皮后的木材以水力或机械压力紧压磨石表面,磨石转动使木材分散为纤维。机械制得的纤维粗短,几乎含有木材原料的主要成分的百分之百。用此法所造纸放置的时间长久容易泛黄,多用以制造新闻纸及纸板。1867年,美国人B.C.蒂尔曼发明了亚硫酸盐法制浆,又开辟了纸浆制造新途径,这种方法适用于针叶树木材及芦苇等原料,以含有过量亚硫酸的酸性亚硫酸盐为蒸煮液,通过在加压蒸煮器中加热处理,将原料中的杂质除去,得到的主要是由纤维素组成的纸浆。经蒸煮和一般漂白的纸浆可制作高级书写纸、印刷纸、证券纸等。经蒸煮和精制加工处理的纸浆可用作制造人造纤维的原料。芦苇浆则可制作凸版纸、书写纸等。1879 年德国人 C.F.达尔发明硫酸盐法制浆，1844 年获得美国专利，1885 年首条硫酸盐法制浆生产线在瑞典诞生。这种方法比亚硫酸盐制浆法能制取更多的可用纤维原料（纤维素和半纤维素），其纤维浓度也高于他法。根据原料和加工过程，可用以制作包装纸和高级书写纸，以上五大革新，开创了世界造纸业的新格局。

伴随着造纸系统的机械化和制浆系统的科学化，机械造纸业初具现代化大型企业的雏形和规模。1840 年，随着帝国主义入侵，中国沦为半封建半殖民地社会，西洋机制纸大量倾销我国市场，使国产纸遭到毁灭性的打击。我国造纸业出现了衰落的景象，手工造纸遭到了严重的排斥。光绪十七年(1891)，洋务派首领李鸿章在上海设立了纶章造纸局，因造纸设备及所用纸浆、铜网等物依赖进口，生产不能自主，所造纸张质量较差，品种少，产量低。这些实属于大官僚所办造纸企业，实际上就是官僚资本主义的最初形式。清末由于浆纸生产的不平衡，工厂多集中于沿海和东北地区，分布不合理，造纸业完全处于半封建半殖民状态。

随着机制纸生产和外纸占领我国市场，各地手工制纸都遭到了可悲的厄运。诸如，盛产宣纸的宣城、郎溪、广德等地的宣纸生产相继停产，以致出现了像《徽州府志》所载的"合郡乃绝无纸矣"的凄凉景象。仅存的泾县宣纸制造业也已奄奄一息，就连当时自命为"全球第一"的汪六吉造纸厂，也开始大量掺用草类，其纸质低劣可想而知。至此，宣纸生产沦于江河日下的境地。

清代前期，由于优质纸生产较多，为当时文化的发展，特别是历史文献的整理和书籍的刊刻编纂提供了丰富的印刷材料，超越以往任何朝代。

康熙年间，在皇宫的武英殿成立了修书处，办了印书工场，招揽搜罗天下的文人学士，在这里从事经学、史学、农艺、文学等各方面的著作，标榜文治，致使卷帙浩繁，多种多样的书籍问世。《四库全书》原稿就是使用的宣纸，其编纂整理前后达十年之久，参加编纂抄写人员多达 4000 余人，共 79000 余卷，36000 余册，被称为我国最大的一部丛书。其先后手抄正本 7 部，为我国最著名的手抄书，所需纸张可想而知，现仅存四部。《古今图书集成》可说是我国现存的规模最大、搜罗最广、内容最丰富的一部类书，历经两代皇帝 28 年，才得以竣工。正文 10000 卷，目录 40 卷，共分为 5020 册。雍正四年(1726)首次用铜活字排印了 64 部。另外清代前期编纂了《康熙字典》、《全唐诗》、《二十四史》等，以及出现了古典小说《红楼梦》、长篇讽刺小说《儒林外史》、文言小说《聊斋志异》等，这完全依赖纸张的保障。由于有足量而丰富的纸张，抄录刊印了浩瀚的书籍，使清时形成了较繁华的书市。北京广渠门里的慈仁寺、北京琉璃厂等地"秦碑汉帖如云屯"，"书籍笺索家家新"，足见其书市的盛况。

清代乾嘉之后，金石考据之风大盛，提倡从古代刻石中学习古代书法艺术，以挽救受法帖影响而萎靡不振的书风，致使碑学崛起。当时，旷野墓碣庙宇石碑间拓声当当，为一时盛举。另外，刻帖也多，清乾隆十二年(1747)至十五年(1750)形成的巨制法帖多至 32 卷。这一切都为众多的纸品提供了用武之地。今人王壮弘《碑帖鉴别常识》中载："清代用纸除了陕西皮纸、白棉纸、连史纸、竹纸仍沿用外，尚有新生产的料半宣纸(黄白二种)、桃花纸(乾隆时为拓三希堂而特制)、朝鲜皮纸、东洋皮纸、玉扣

161

纸、洋连史纸、六吉棉连纸等。"

清代用纸制作货币较为谨慎，只是在特殊的情况下才发行，咸丰三年(1853)太平军定都南京，震撼了清王朝的统治，不得已发行了"大清宝钞"纸币，多为谷皮纸所制，主要用作镇压太平天国运动的军费。

另外，以纸为材料的剪纸艺术，除在民间广为流传外，清代已进入宫廷，当时，皇帝结婚的洞房坤宁宫，室内的布置就贴有纸剪的"喜"字和"龙凤团花"的剪纸，使剪纸艺术首登大雅之堂。以纸制作的寄递信件的邮资凭证邮票，在清朝光绪四年(1878)首次发行，因图案为一条腾云驾雾的龙。而被称为蟠龙邮票，全套3枚，面值分别是绿色的一分银、朱红色的三分银、黄色的五分银，下面框内并印有面值的英译文字。

以纸为载体的民间艺术——年画的制作，在清时已达到了新的高峰，其作坊之多、绘制之精、产量之大、行销之广，前所未有，其用纸量也达到空前的地步。据说，当时仅山东杨家埠一村，一年就用几百件纸，山东鱼台(今山东鱼台县)一地，每年订货约40大车。另外，苏州桃花坞、天津杨柳青在清时和山东杨家埠已处于鼎足而立的地位，没有大量的纸张供用，是难以使这三种年画达到空前的繁荣和延续的。

只是清末随着帝国主义侵略，我国的书籍印刷逐渐冷落，各地年画制作也开始衰落。由于机制纸纤维受损太过，又不长寿，多不被书画家所喜爱。因此，国产纸的生产和用量微乎其微。

清朝被推翻以后，民国初年，宣纸在国际上享有盛誉。1915年，宣纸曾被送到巴拿马国际博览会，获金质奖章，为国家争得了荣誉，但因在全国范围内大小军阀战事不休，手工业生产同样遭受严重破坏。五四运动爆发后，民族轻工业有了迅速发展，造纸业也新设了不少工厂。安徽的宣纸生产遍及泾县各地,穆孝天《安徽文房四宝史》中载:"当时泾县一地就有 27 个生产单位,每年平均有 120 个左右的纸槽进行正常的生产,每年产量达 60 万刀左右。"当时宣纸除供应国内各大城市需用外,还远销南洋及日本等地。抗日战争一开始,日本帝国主义曾由军队护送"技术人员"到泾县掠夺技术资料。抗日战争时期,新四军开辟了皖南革命根据地,为保存这一悠久而光辉的历史的工艺技术传统,曾于 1939 年在小岭成立了宣纸生产合作社,并用宣纸印行新四军政治部出版的《抗敌报》和许多文件传单,为宣传团结抗战、反对分裂起了很大的积极作用。

纵观这一时期,我国的造纸业沿着机制纸和手工造纸两条道路发展。机制纸多掌握在官僚资本家手中,手工制纸则分布在民间。机制纸到 1936 年达到 8.9 万吨左右,到 1943 年,机制纸已达到 16.5 万吨,但仍远不能满足用纸量增长的需要,还得靠进口洋纸。一个发明纸的国家反而进口西洋纸,这不能不算是一大耻辱。

八、解放后造纸业的巨变

解放前夕的造纸业,机制纸降到 10.8 万吨,生产能力只有 20 万吨,仅能生产普通的文化生活用纸和纸板,品类只有二三十种,细纸生产极为少见;加上当时的手工纸只有 40 多万吨,远远不能满足人们的需要,大宗的用纸只能仰仗于进口外国洋纸。

解放后新中国的造纸业,除了以在解放区建立起来的国营造纸厂为骨干外,还依法没收了一部分官僚资本家的厂房,并陆续在全国各地兴建制浆、造纸综合厂,到1957年已超过清时造纸的水平,能生产上百种书报用纸。经过四十年的努力,今天我国造纸业已形成生产规模庞大、机器设备先进、技术力量比较雄厚的工业骨干力量。1979年已达493万吨,较解放前增长了40倍,到1987年,我国造纸年产量达1000万吨,居世界第5位。随着我国造纸业的不断发展,纸品日趋丰富,用途更加广泛,已成为人民群众日益增长的物质文化生活需求的一个重要方面。我国的纸张除供国内用外,还远销国外,出口亚非拉十多个国家和地区。

今日的造纸原料,除取用传统的植物纤维外,还有韧性和强度很高、耐水、耐光、耐化学腐蚀等特点的合成纤维制作成的合成纸。目前,我国的用纸主要还是大量的植物纤维纸。特别是高级书画用纸,现代化机器造纸和先进的合成原料纸,难以取而代之。我国几千年来积累的手工抄纸技艺,仍在发挥着独特的作用。过去生产周期长,劳动强度大,工具设备落后,生产效率低等的状况,经过技术革新和现代化的化验设置得到了改变,质量、数量都得以迅速增长。

安徽泾县宣纸的生产,在解放后得以迅速恢复和发展。1951年十多户造纸作坊、工场等小单位组成宣纸联营处,1954年恢复生产的罗纹宣等加工宣纸,远销苏联和罗马尼亚等国。1978年,泾县宣纸厂的纸产量较解放初期增长了9倍,并恢复了久已失传的丈六宣纸的生产,1979年、1984年、1989年三次蝉联国家经济委员会颁发的国家优质产品金质奖章。1999年,红星牌宣纸商标被国家工商局商标局认定为中国驰名商标;2006年,宣纸制作工艺被国务院批准为首批国家级非物质文化遗产。2008 年成立中国宣纸集团公司,始终保持从 1986 年起,连续 16 年安徽省"最佳经济效益夺魁单位"称号。今天泾县的宣纸厂生产的宣纸品种繁多,从最轻薄的每张才 10 克重的札花到一丈开外的巨幅夹贡都能生产,共 60 余种。

地处黄山东南麓的历史文化名城歙县,在南唐时曾是生产澄心堂纸的圣地,为恢复这一失传千年之久的高级书画用纸和其他文房宝具的生产,1984 年歙县成立了文房四宝公司,全面开发生产传统名产品,使之成为真正的纸郡、砚乡、墨都、笔府。该公司在"棉溪水流村村寨,家家户户有纸碓"的造纸之乡,建立了以手工为主的造纸工厂,1987 年,这一享誉千年的传统产品已恢复生产,经行家使用评定,可与宣纸媲美。其纸品远销日本、东南亚各国,备受赞誉。

始于元代的四川夹江造纸工艺,解放后也得以迅速发展,并较完整地保留了我国古代造纸技艺。2000 年左右,夹江县已成为我国唯一能与安徽分争宣纸天下的手工业纸生产基地。据悉,全县手工造纸作坊约 1000 个,年产手工纸 2000 余吨,产量占全国手工业纸总产量一半以上。其品种齐全,质量细匀,色泽光亮,韧性强,保墨性佳,深受书画爱好者的欢迎。2006 年,夹江竹纸制作技艺成功申报首批国家级非物质文化遗产项目;2009 年,夹江书画纸同业商会正式成立,这标志着夹江书画纸业从分散走向联合,从无序走向规范,这将对打造"中国书画纸业"起到积极的推动作用。

更值得一提的是,1986 年底,我国第一个手工纸博物馆在四川夹江县建成,馆藏了自明清以来该县使用蔡伦造纸法生产的纸张实物资料近 2000 件,还有手工纸 4 个系列,86 个品种,130 多个花式样纸,为人们目睹古代纸张的真面目提供了可靠的资料。据行家指出,展出的明清纸张至今仍可上机印刷,从此可看出我国古代劳动人民造纸工艺之精湛。另四川洪雅县金釜雅纸厂制造的龙须雅纸,采用流传千年的传统工艺,以纤维修长的龙须草为主要原料,精细选料加工,以传统方法制浆,手工操作制成。该纸纸色纯白,质地轻柔,拉力强,浸润兼具宣纸、皮纸之特点,用墨泼洒反复皱擦点染,无破损之虑。其品类规格繁多,有丈二、八尺、六尺、五尺、四尺、三尺、斗方、丈二屏、八尺屏龙须雅纸,另有竹料雅纸、毛边纸等的生产。该馆已成为我国十大专业博物馆之一。

早在三百多年前,广西都安就以生产传统的手工捞纸闻名当时,近年来该地取龙须草加檀树皮为造纸原料和传统方法制浆,手工抄造纸张。该纸含麻纤维,拉力坚韧,寿命长,和四川龙须雅纸一样,兼具宣纸、皮纸之特性。用这种纸作书绘画,墨色淋漓,又能随心所欲,得心应手,保其落墨时的润泽。1981年正式成立广西都安书画纸厂。1985年,该厂在京邀请书画家进行试笔会,受到与会名家盛赞。1990年该纸荣获国家轻工业部优质产品奖。2000年该纸被自治区人民政府评为"广西优质产品"。

手工业造纸在传统的产纸地区,都较以前有很大的发展,原产于江西和福建的龙岩、连城等地的毛边纸,除有机制纸生产外,手工抄造也有很大的进展。江西横江出产的仿毛边纸重纸,既适合毛笔书写,又是用来印刷有保存价值的书籍的极佳纸张。清时以造土纸、竹纸最为普遍的贵州省,解放后以盘县特区老厂造纸联社生产的毛边纸为最,1964年已列为出口商品,远销海外。1970年正式成立盘县特区老厂造纸厂,1975年完成年产量400吨以上的纸张出口任务,为国家创造了一笔可观的外汇。河北迁安的毛头纸质地厚实,韧力强,不易破裂,不易虫蛀,为北方农户必备的糊窗户等民用纸张,同时也是毛笔字的练习用纸。

其书画用纸，纯以手工精制而成，以本地的桑皮为主要原料，吸取传统的造纸工艺，所制纸张色白光滑，纯净绵韧，吸水性、保墨性能好，已成为国内优质书画纸，有"北迁南宣"之美誉。另外浙江等的产纸地区，手工纸的生产也都有大幅度的增长。

解放后机制纸的生产，也有了突飞猛进的发展。全国范围内兴建了制浆造纸综合厂，日益具备现代化大型企业规模，纸浆已达到自给，纸的品类日趋丰富。以文化用纸为例，就有新闻纸、印刷纸、书写纸、打字纸、有光纸、描图纸、晒图纸、图画纸等多种，另外还有生活用纸、工农业用纸、化工业用纸、建筑用纸、纺织用纸、卫生用纸等特别用纸，都有很大的发展。

机械造纸比手工造纸效率高得多，就连我们常用的毛笔书写用纸毛边纸、连史纸，也可用机器制造。关于机制纸的生产过程，柳毅在《中国的印刷术》中说："将原料切碎、蒸煮、化学处理后让纤维素分解出来，成为纸浆。把煮好的纸浆用大量的清水冲洗，然后再根据纸张的质量要求，经筛选、漂白、打浆等工艺过程后，送到造纸机上，经滤水、压榨、烘干等一系列工序，最后形成纸张。"这种机制纸的生产，遍及我国大中小城市。

现代纸张的生产，由于 1866 年西方改用了酸性物质浸泡木材制作纸张，导致纸张至多能保存 300 年，逾期将变黄、发脆，最终腐朽成碎片。据国外专家们预测："23 世纪的人将很难看到大部分现在出版的书籍和刊物。"而我国发明的纸却能保存 500 至 1000 年之久，现在我们仍可以看到西汉时制作的纸张，因这些古老的纸张都不含酸，所以可以持久不坏。为延长现代纸张的寿命，解决经典著作和重要文献难保存的问题，中国革命博物馆和中国历史博物馆工作人员张晋平等，摸索出了一套现代化纸张脱酸新技术。在国外，如美国国会图书馆已对近百年来的书籍进行除酸，主要是将书籍放在密封盒中，注入中和气体，达到除酸的目的,使书籍可长久保存。

　　1987 年,我国山西长治县投入生产的一种水写纸,无需墨水,只用各种笔蘸清水书写,立刻就会出现字迹,一二分钟后即自行消失。据说一张纸可反复写三千多次而不破损,是学书练字较为廉价的书写材料。另外还有很多有特殊用途的奇纸,这里就不一一介绍了。

　　我国有着悠久历史的造纸传统,曾一度遥遥领先于世界前列,也几经盛衰变化。由于种种历史原因,只有在解放后,我国的造纸业技术才发生了翻天覆地的变化,但和世界上先进的国家相比,却仍有着一段距离。我们只要积极开发丰富的自然资源,勇于开拓新的领域,注重借鉴国外经验,中国式的新型造纸工业必将蓬勃发展起来。

第四章　砚

　　砚为我国独有的研墨和调色器具,被称为"文房四宝"之一。
而"文房四宝"之中,笔不能长久,笔老如草,老不能书;纸置久必
酥脆,难于书写存放;墨陈失去胶性,易于散碎,缺少光泽;唯砚
坚固,千年不朽。现在砚仍是书画家进行艺术创造必不可少的
文房益友。砚台本身集雕刻、书法、绘画等诸艺术于一体,不仅
是一种具有实用价值的文化用品,也是一种更具有观赏价值的
工艺美术品,在我国几千年的文明史中,起着记载、传播、弘扬文
化和装饰、美化、丰富生活的重要作用。

一、古砚的传说

　　我国古代并没有特制的砚,砚究竟起于何时,至今仍是一个
未解开的谜。古人用砚,多以简易为上。据传说,古代最早使用
的"砚",以蚌壳制作较为普遍,这一说法不是没有道理的。远在

氏族公社时期,居住在黄河中游一代的先民们,为了弥补食物的不足,采拾蚌、螺蛳一类的水生动物充饥。北京的山顶洞人就曾以蚌壳打磨成孔,制作成当时人们的装饰品;到了龙山文化时期,人们的收割工具中已有蚌镰的出现。可见当时人们对这种易得而又相当丰富的原料的加工已有了相当高的制作技艺,以此制作成研墨或盛放墨的器具也是很自然的事。

我国砚的真正主流是以石质材料制作而成。从汉字的构成也可看出,凡有"石"旁组成的字大都与"石头"有关,"砚"字的构成也从"石"旁,和石头有缘。东汉许慎《说文》中有解:"砚,石滑也。"其意是说,砚是由质地细、性润滑的石头所制。后来人们认为砚是研墨之物,故又称为研。石砚究竟源于何时?较为广泛的传说是始于黄帝,并多见于古籍记录中。东汉兰台令史李尤《墨研铭》中载:"书契既造,研墨乃陈。"照此说,文字、墨和砚同始于黄帝时代。其实这如同把衣服、舟车、历法等原始社会劳动人民创造的成绩,统统归于黄帝一人的传统想象和传说一样,是不足为凭的。另据宋苏易简《文房四谱》卷三《砚谱》中载:"昔黄帝得玉一纽,治为墨海云。其上篆文曰:'帝鸿氏之研。'"也认为制砚的历史始于黄帝。宋李之彦《砚谱》、宋唐彦猷《砚录》、明末清初余怀《砚林》等古籍中均有其相同的内容记载。后人对此说多持否定态度,认为从汉字发展演变的规律来说,篆文一般包括甲骨文、金文、石鼓文,以及春秋战国时通行于六国的文字及大篆,所以黄帝时没有篆文,这个传说显系后人牵强附会,凭信不足,谬误有余。

据大量的考古发现和遗存研究,砚的开始使用远远早于传说中的黄帝时代。以西安半坡村原始公社遗址为准,距今约有六千年的历史。当时新兴的制陶业较为兴盛,各种精美的陶器上已呈现多种色彩的图案,其颜色较为细腻,这足以说明当时已有研磨盛放各种颜料的器具。在遗址的陶窑旁出土了当时人们彩绘时用以研磨配制颜料的石盘,其上还有研磨的痕迹和残存的颜料。这种研磨器具,当为较原始的砚,也可说是我国砚的祖型,由于制作粗糙简单,很难和后世的石砚相媲美。随着考古研究的不断发现,我国石砚演进发展的梗概便更加清晰。1958 年,在陕西宝鸡仰韶文化遗址中出土一双格石砚(如图 14),砚形椭圆,研面磨出大小两个凹槽,砚质为浅黄色砂岩磨制而成,凹槽内残存

图 14　新石器时代双格石砚

少量红色染料痕迹,这当为原始社会研磨砾石色料的实用器皿。1980 年,我国考古工作者在陕西临潼姜寨遗址考察中,竟在一个原始人的骨架旁,发现一块石砚,上面盖有石盖,砚台旁放有黑色颜料(氧化锰)数块,石砚的形制已超脱出自然简陋的砚磨器的樊篱,朝着人工艺术加工砚迈出了一步。姜寨遗址是属于氏族公社时期的仰韶文化初期的村落,距今已有五千年的历史,据此我们可以看出,砚的完美是随着人类社会的发展而发展,在不断地推陈出新,表明了我们的祖先在以石头制作生产物质工具的同时,也用它制作出了精神生产的工具石砚,这也正是我国劳动人民最初的精神文化需要的一种表现。

二、商周砚的加工技艺和秦砚的出土

　　文明社会的一大标志文字，到商代已基本成熟。1899 年，在殷墟中发掘的刻有当时人们占卜、祭祀活动文字内容的龟甲、兽骨、人骨上，都可以看到毛笔书写的朱墨笔痕。由此推论，应有砚或类似研功用的研磨器具，可惜至今没有见到商时的石质砚具，很难说出它的形制。但以玉质材料雕凿的砚具，在商代已始有制作。1976 年，在河南安阳殷墟妇好墓出土的 750 件玉雕中，发现一方玉质调色盘，三边有框，底部雕有一对鹦鹉，形象生动，造型简练，琢凿精致，不愧为一件绝代佳作。从这一艺术加工砚所表现出的惊人的技巧和创造力中，我们也可以想象出商代石砚的制作及形制，绝非粗糙简陋之类。

　　西周时期，砚材的取用仍不外石、玉质地，其制作多为人力加工而成。这种制作的用具，就其形成和用途来讲，多少具备了后来砚台的某些属性，但严格而论，应为一种调色器具更为确切。解放后，在河南洛阳曾出土西周时一石质调色器，纯为人工打磨而成，前宽后窄，呈长方形，其上仍留有朱红色残迹。这说明当时人们曾在上面调和颜料。这一制作可说是后世平板砚的鼻祖。

　　另一方以玉质材料制作的调色器，现藏河南洛阳市博物馆内。器呈卧牛状，牛头、耳、鼻、嘴雕刻俱肖酷似，牛背上凿有四个圆孔，其内残存的朱红色，依稀可见。和商代玉器雕凿相比，其艺术风格、加工技艺均有所发展，足以看出我国工艺品发展的传统继承性。

关于先秦时期砚的记载甚少。宋苏易简《文房四谱》中说："（南朝宋人）伍辑之《从征记》云：'鲁国孔子庙中，有石砚一枚，制甚古朴，盖夫子平生时物也。'"孔子是否有其砚，多数人是持否定态度的，认为是后人附会。但不可否认的是，作为思想家、教育家、政治家的孔子，曾整理《诗》、《书》，删修《春秋》，也必定有作为研墨或盛放墨的器具。

秦时砚的形制，由于出土文物的不断发掘，使我们直接看到了古砚实物。1975 年 12 月，在湖北省孝感地区云梦睡虎地一处秦墓中，除发现笔、墨、简牍外，还有幸发现了一件石砚，为不太规则的鹅卵石加工制成，长 6.7—7 厘米，宽 5.3—6 厘米，高 2 厘米，并附研墨石一件，同样为鹅卵石，就原形简单加工制成，高 2.2 厘米。据有关人员观察，砚与研墨石的磨面较为平整，显然可见其上有使用过而残留的墨迹。从此我们可以看出，秦砚的制作纯以使用价值为主，利用自然石原形简单加工而成，不刻意雕琢，平淡无奇，粗糙无华。我们可以得出这样一个推论：带有研石的砚的存在，说明墨在当时是没有固定形制的块（粒）状，须用研石压磨。

这一重要文物的出土为我们研究秦代石砚和砚的发展演进历史提供了极其难得的第一手珍贵资料。

三、两汉砚的变迁

汉时，专供书写使用的砚已被普遍使用，制砚材料的取用也较为广泛,大多以石制成,也有少数是玉砚、陶砚、金属砚、漆砚等。砚的造型以圆形、长形为主,另有山形、龟形等。有的砚在雕凿技艺上已较精细,使其艺术效果日渐加强。从解放后不断出土的文物和有关资料中可以看出:汉代砚品种呈多样化,砚式始趋复杂化,雕凿逐渐艺术化,可说是我国制砚史上的第一次昌盛,并代表着划时代的典式,足以构成汉代文化事业蓬勃发展的一个组成部分。

以玉质材料雕凿成的砚具,其文字记载最初见于西汉刘歆的《西京杂记》一书中:"汉制:天子……以酒为书滴,取其不冰;以玉为砚,亦取其不冰。"笔者认为,这里记叙的玉砚与汉以前的玉质调色器相比,应有很大的区别。它已不再是单纯的调色器具,更不是什么玩物,而是一种具有实用性的磨墨工具。宋米芾《砚史》中载:"玉出为光,着墨不渗,其发墨。"这也是其理论根据的佐证。

西汉时,尚未出现有形制的墨锭,多是将墨丸放在砚石面上和水,用研石压磨,所以西汉时的石砚多带有研石。1973年在广州市金坑西汉古墓和湖北江陵凤凰山西汉古墓以及河南洛阳、河北等一些地区出土的汉砚,均带有研墨石。1975年,在湖

图 15　西汉石砚研石

北省江陵楚县凤凰山一处西汉墓中出土一圆形砚,并附有一研墨石(如图 15),砚为细砂岩制作而成,研石为石英质砂岩的河砾石制成,砚与研石面平整光滑,且留有墨迹,显然

为使用器具。特别是 1978 年,在山东临沂市城区金雀山第 11 号西汉墓中出土了一件盒装石砚,其制作巧致,充分显示出了古砚制作技艺的水平。墨盒为木胎漆盒,其砚为一长方形石板,砚面光滑平整,残留墨痕,背面粗糙不平,边缘呈不规则锯齿状,长 16 厘米,宽 6 厘米,厚 12 厘米。其巧处是在盒盖与底的同一端,各凿有一方形小槽,是专为放置研墨石而设计的。槽内研墨石长 2.5 厘米,宽 2—5 厘米,高 0.2 厘米,砚盒底与盖合并在一起,研石正好扣放其中。在有小槽一端的漆盒底上,还有一个不规则的小槽,与研石槽相通,以存放墨丸。根据当时细心的发掘人员观察,石砚出土时,小槽曾有若干芝麻粒大小的墨丸。这种布局合理、设计巧妙的砚盒确实令人拍案叫绝。

西汉时,由于人们习惯席地而坐,附矮几书写,因此砚要放在矮几旁的地上。为保持砚身的平衡和易于移动,足砚随之产生。1956 年,在安徽太和县李阁乡一处西汉墓中,出土了一方石质圆形有盖的三足砚,其盖呈斗笠状且有鼻孔,上刻有两条披鳞挂甲的长身兽,砚底三足刻有清晰的花纹。实物现藏于安徽博物馆。

除石砚带足外,陶砚有足的实物也不乏其例。1953 年,在安徽巢县柘皋出土了汉代的瓢形双足陶砚,前端有双足,呈前高后低之势。低处易于存墨,高处便于膏笔,纯为一件具有实用价值的文具。今人穆孝天《安徽文房四宝史》中有该砚的图版。

西汉时陶砚较多。就现有的实物来考察,有名的为十二峰陶砚。它奇峰竞拔,一柱擎天,历来为人赞颂为古砚中的典范作品。另外,龟形陶砚制作也很丰富,其形制各异,姿态逼真。有直颈、屈颈单龟,有交颈接尾的双龟。龟背多为砚盖,上刻有龟背纹,足见陶砚制作的精巧。

此时也有人以建筑上的砖瓦挖凿成砚台的。据说制法并不复杂,只将古砖瓦凿成一小池形状,即为砚堂,打磨平整后,在三伏天用日光晒或用小火烤炙池面,趁热在面上均匀涂蜡,使蜡慢慢渗入砖瓦空隙中,以不渗水为宜。西汉时,有人用未央宫的砖瓦制作墨砚。现在广东省南澳岛隆东区渔民黄荣裕家中,珍藏着一块用未央宫东阁瓦制成的大砚,造型美观古朴,外有木质盖。砚长23厘米,宽16厘米,厚3厘米,砚心呈椭圆形。砚的左右两侧,正背两面均刻有篆、隶铭文。据说此砚置水数天不干。另外,汉时已开始有澄泥砚的制作,澄泥虎符砚则是形美式新的代表产品。

西汉时,还有金属砚的使用。明徐火勃《徐氏笔精》中说:"古人用铁砚者桑维翰也。洪崖先生欲归河内,舍人刘守璋赠以扬雄铁砚。以铁为砚始自扬雄,维翰效之耳。"如此记载属实的话,铁砚制作应始于西汉时期。

东汉时,随着社会生产和科学文化的不断发展,书写工具的制作也出现了一个新的局面。无形制的小墨团被有形制的墨锭取而代之,纸也跻身于以简为书写材料的行列,与简有平分秋色之势。这些都有力地促进了砚的发展,使之趋于灵便和抛开砚石,自成一体。1972年在甘肃武威县磨嘴子东汉墓中出土了一件漆匣石砚。砚呈长方形,较规则,已没有研石。经有关人员研究鉴别,这一漆匣石砚制作于东汉时期的公元126至167年之间。另河南洛阳市博物馆中现藏有一个东汉圆形带足石砚,也同样没有研石。这一明显的特征可以看出东汉时砚的变革已开始向现代砚发展。

东汉砚除无研石外,圆形三足是另一特征。1955年在河北沧县四庄村东汉墓出土双盘龙盖三足石砚,此砚三足浑厚质朴,上面刻有简单的花纹图案;1956年安徽太和马古堆也曾出土了三足石砚。天津市艺术博物馆现藏有一方汉代三足石砚,砚面较浅,上端开有一椭圆形水池,三足为熊头状,每足之间透雕熊兽相斗,线条流畅,图案浑朴,为不可多得的汉砚佳作。

由于漆器工艺在东汉时极受重视,此时还出现了漆砚这一新品类。据1966年《考古》杂志第2期载:1956年在安徽寿县一处东汉墓中,出土了一件长方形漆砚。这种漆砚的做法,在砚型外面用麻布及丝织品裹缠上,在麻布丝织品上涂一层漆灰,经晾干打磨后,再涂上一层朱漆。这种漆器的制法,被称为夹纻胎,它最早始于战国末期,东汉时被运用以制砚。这种砚台轻便、坚固、耐用,比木胎略胜一筹。

由于东汉砚的制作已较为讲究,因而对砚的保护也日益引起人们的重视,出现了各式各样的砚盒,并显示出较高的艺术性。东汉时,除原有的漆砚盒之外,还有以金属铜为质材制作的砚盒,并采用一种鎏金技法,即用金和水银混合成的金汞剂均匀地涂抹在砚盒的表面,再用火烤,使金汞剂中的水银蒸发而金牢固地依附在盒面,然后用玛瑙工具压磨成光。这样制作的砚盒耀眼夺目,也使砚台身价百倍。在江苏徐州东汉墓中,出土过一件兽形鎏金铜盒砚。兽身为砚盖,通体鎏金,镶嵌有各色宝石和红珊瑚等,砚面为石片镶嵌,利于研墨。这件鎏金盒砚不愧是东汉时期鎏金镶嵌技艺高超水平的代表作品。

东汉时,砚的发展完成了从有研墨石到无研墨石的过渡,这是砚史上的一大里程碑。这时还有了对墨砚起源、发展等的理论著录问世,东汉兰台令史李尤的《墨研铭》就是其例。

四、魏晋南北朝时砚型的逐渐完美

魏晋南北朝时期,砚的制作除继续以石、陶、金属为质地外,还出现了瓷砚这一新品类。其砚型有圆形、长方形、风字形,并有多足。这一时期,可说是砚得以定型的阶段。

在出土的文物中,较少发现魏时的砚,但在古籍中却有很多的记录。唐欧阳询《艺文类聚》中有"魏武帝上杂物疏曰:御物有纯银参带圆砚一枚,纯银参带圆砚大小各一枚"的记载。唐徐坚《初学记》中曾记载了魏繁钦的砚赞:"或薄或厚,乃圆乃方,斑彩散色,沤染毫芒,点黛文字,耀明典章。"

晋时,由于多使用漆烟、松煤混合制作的墨丸,砚的形制也随之变化,多为凹心砚。元陶宗仪的《辍耕录》中载:"至魏晋时始有墨丸,乃漆烟松煤夹和为之,所以,晋人多用凹心砚者,欲磨墨贮沉耳。"北宋书画家米芾在《砚史》中说:"今人有收得右军砚,其制与晋图画同,头狭四寸许,下阔六寸许,顶两纯皆绰慢下,不勒成痕,外如内之制。"此砚恰如日常生活中使用的簸箕,砚池与墨池相连,砚心内陷如潭,易于蓄墨。又记载:"又有收得智永砚,头微圆,又类箕象。"此砚和右军砚极相似。

晋时,瓷器生产迅速发展,蹄形足的圆形青瓷砚也以崭新的风貌问世,成为砚家族中又一新成员。江西永丰县曾出土东晋时的一方三足圆形瓷砚。1958年,江苏南京市发掘的东晋墓中也曾出土二方瓷砚,说明了晋时瓷砚生产、使用的普遍性。

晋时的陶砚生产远不如两汉时期,陶砚常常被作为殉葬之物。另外,晋时还有漆砚、木砚以及金属的铁砚、铜砚的生产。

晋时石砚的制作较富有艺术性,《中国古代常识》中载:"河南洛阳晋墓出土的一块石砚,圆形砚池四隅雕有龙头、卧虎、玄武及圆形水池,砚底刻饰复莲一朵。"这种精雕细刻的砚台,既是文具用品,又是一种艺术杰作。

南北朝时,瓷砚的制作和晋时一脉相承,大都以青瓷制作,多为圆形,砚心无釉,均有足或蹄形足。建国后在江西永丰县沙溪公社和湖南长沙出土的南朝青瓷圆形砚,都为五足砚。从此可以看出,南北朝是带足砚发展的鼎盛时期。

南北朝时陶砚的形制多是上狭下宽,首宽尾窄,前俯后仰,砚有足。因砚面酷似"风"字形,故人称"风"字形砚,实际上仍是晋时的箕形砚的形式。

南北朝时的石砚制作,仍向艺术品方向发展。1970 年在山西大同市北魏建筑遗址出土了一件石雕方砚(如图 16),此砚全身雕有各种图案,论工艺之精湛,造型之美妙,这件珍贵的砚可算是上品。

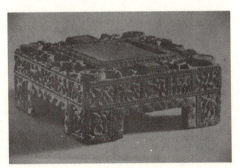

图 16 北魏石雕方砚

金属砚的制作在南北朝时的砚品中独具一格,显得豪华奢侈。1957 年,考古工作者在安徽肥东县出土了一件南朝铜蟾蜍砚。此砚遍体碧绿鎏金,蟾蜍身上的疙瘩用红、黄、蓝宝石镶嵌,砚面为石片镶嵌而成。这一特艺砚台独具匠心,为南北朝砚中难得的杰作。

纵观整个魏晋南北朝时期的制砚,在质材的多样化、形制的艺术化等方面都远远超过了汉代。

五、唐代四大名砚的出现

唐代是我国封建社会经济、文化繁荣的时期,书法艺术也出现了一个新的高峰,这直接促进了制砚业突飞猛进的发展。这时,砚材的种类更加多样化,砚的形制日趋艺术化,砚的制作呈现专业化,涌现了唐时号称四大名砚(即山东鲁砚、广东端砚、江西歙砚、甘肃洮砚)的著名品类。自此以后由于桌椅盛行于世,砚台也就以无足平台为主要特征。

山东鲁砚,在唐时已名震全国,居众砚魁首。鲁砚之中,首推沂蒙山区的临朐县老崖固的红丝石砚,因产地古为青州所辖,故又称青州砚。青州红丝石砚材,石声清悦,石色美丽。石中多纹彩,有云纹、水纹、木质纹等线条图案。用红丝石制成的砚,质嫩理润而贮水不耗,易于发墨而不损笔毫。

青州红丝砚久负盛名,曾深得当时著名书法家柳公权的赞誉,他在《论砚》一书中写道:"余蓄砚以青州为第一,绛州次之;后始重端歙、临洮。"

另外,临朐的紫金石砚也较闻名,此石色紫润泽,经人试用,发墨不下于端歙,时人竞相取此石制砚。龟石砚则是产于临朐县的又一独具风格的石砚。此石产于石涧中,天然形成龟状,质细嫩,色为黄褐、赭红等。用它做的砚不渗水不溃墨,存墨数日也不干燥。

当时,山东临沂地区费县(今费县刘庄乡)境内的岐山涧盛产金星砚石,因临沂为大书法家王羲之的故乡,故有人称此砚为羲之砚。此石系轻微矽化泥灰岩构成,石面以黑为底色,上有琉、铁等结晶物的光点,大者如豆,小者如粟,因而又称为金星石。金星石质地滴水不涸,润而发墨,叩之有声,涩不留笔,为时人所重。

徐公砚石产于今山东沂南县徐公店村,为鲁砚之一种。传说古时有一位姓徐的公子赴京应考,途经沂南时,在歇息之际,偶尔发现沟土中有一块形状奇特的石片。徐公子偏爱其形色,便试磨成砚,携带赴京。考试时时值严冬,其他考生的砚中之墨均结冰难书,唯有徐公砚中墨汁湿润飘香,书写流利自如,墨色黑亮,深得考官赏识,徐公亦考得进士。徐公晚年休官后,便在拾砚之地定居下来,以后此地便称为徐公店村,产于此地的砚也就称为徐公砚。

徐公砚石质地坚硬,密度极高,纹理丰富,色泽多样。据《临沂县志》中载:"此石其形方圆不等,边生细碎石乳,不假人工,天趣盎然,纯朴雅观。"以此石制砚多利用天然造型,不存在雕凿之气,这就是徐公砚独特的风格。所制之砚同样具备其他各类名砚易于发墨、贮墨耐久、不损笔毫的特点。据今徐公砚产地的技术人员试验,徐公砚中的墨汁,在-4℃确实不结冰。这大概就是徐公砚神奇之所在。

鲁砚的品类较多,其共同特点是:石质细腻滋润,易于发墨,利笔而不损。

端砚的制作历史悠久,源远流长。然而它究竟始于何时,古今是有争议的,但绝大多数人认为端砚成名于唐代。据清计楠《石隐砚谈》中记载:"端溪石始于唐武德之世。"因产于端州(今广东省肇庆市东郊的羚羊峡斧柯山）境内的端溪沿岸而得名。由于端砚具有独特的石质、花色，以及呵气即可研墨、研墨无声、发墨不损毫的特点，因而博得了历代文人学士极高的评价。

砚石的开采是十分艰难的，首先须开出坑洞，沿倾斜、陡峭、弯曲的坑道，依石脉生长的走向开采砚石。洞窄处不能直立，还要伛偻开凿，劳动强度可想而知。唐初最早开坑采石的是龙岩。稍后龙岩不复取，水岩（即下岩）取而代之。《端溪砚谱》中载："后下岩得石胜龙岩，龙岩不复取。……大抵石以下岩为上，中岩、龙岩、半边山诸岩次之，上岩又次之，蚌坑最下，此岩之品也。"水岩依山傍水，极难开采，岩洞只容一人伏身而入，且积年被水湿渍，顶上积水下滴，在里面作业，衣冠皆湿。好的水岩砚台，体重而轻，质刚而柔，摸按如婴儿皮肤，湿软嫩而不滑，握在手中，水自滋生，用气呵之，津汁滴沥，真可谓无价奇材。晚唐时水岩坑砚石所制之砚被列为贡品，专供皇胄朝臣使用，故称为皇岩。开坑采石时，都是在太监或地方官的严格监督下进行。

唐时对端砚根据砚体所呈现的丰富多彩的纹理进行鉴赏，在其众多的色彩中，多推崇紫色石砚。唐人李肇著《国史补》中说："端州紫石砚，天下无贵贱通用之。"紫色石砚中又以有青花最负盛名，其花纹细小如发丝蝇翅，纤尘轻纱，它不是在石砚表面上，而是隐泻在紫石里，水湿方见。《端溪砚谱》中载："下岩石干则灰苍色，润则青紫色……大抵石性贵润，色贵青紫……眼贵翠绿圆正有瞳子。"石眼是自然形成在砚石中的一种含铁质的结核体，看上去像鸟的眼睛。这说明唐时除注重砚的实用性外，还注重砚所具有的特殊的装饰美。

初唐时，端砚的制作完全以实用为主，砚面上毫无任何装饰和雕刻图案，其砚形多为方形或长方形。自中唐后，端砚的制作有了变化,其风格形式有了新的演进,从纯实用品逐渐向艺术欣赏品发展。一般多在砚石池头雕刻线条或明快或粗犷的仿古图文、山水、花鸟等,其砚形以箕形居多。1965 年 12 月 25 日在广州市动物园的古墓中出土一方唐代端溪砚,长 20 厘米,宽 14.5厘米,高 4.5 厘米。此砚头圆尾方,身微瘦长,下阔中凹,呈簸箕状,有方足。其形象古朴凝重,是典型的唐代箕形砚。现上海博物馆就藏有一件唐代端石箕形砚(如图 17)。

图 17　唐代端石箕形砚

唐时,与端砚齐名的龙尾砚石因产于江西婺源县的龙尾山而得名,因婺源从唐武德元年至北宋宣和三年属歙州所辖,故龙尾砚又称歙砚。相传 1300 多年前,一位姓叶的猎人追赶野兽时,进入人迹罕见的龙尾山。他看到山上的石头光洁如玉,晶莹可爱,便捡了一块携回家中,粗琢成砚,试用后发现质量超过端砚。歙砚便由此而生。

歙砚以石质坚韧(平均硬度比端砚高 0.5 度)、湿润莹洁等特点为端砚所不及。唐时歙砚的品类以龙尾砚、金星砚最负盛名。龙尾砚为歙砚之上品,此石多产于水溪中,极湿润、性坚密,扣之如玉振,声音清越,色彩为苍黑、青碧两种。金星砚石,其金星呈谷粒状,融结分布于砚石之中,犹如秋夜星空。这种星点经久耐磨,而且越磨越亮,给人以无限的情趣。以此石制作的砚,历充贡品。

除上述品类外,歙砚在唐时还有其他品类,如宣城所产的宣城石砚等。

洮砚,也称洮石砚,是唐时四大名砚之一。洮砚具有石质坚润、色彩绿蓝雅丽、呵气可研、发墨细快、保湿利笔等特点,深受书画家、文人及收藏家的赞美和珍爱。

洮砚石产于甘肃省甘南藏族自治州卓尼县的洮河东岸喇嘛崖鹦哥山嘴。古时为洮州辖区。洮砚品类有绿洮和红洮两种。绿洮色泽青蓝,旧称鸭头绿、鹦哥绿,肌理细润,纹似卷云,宛若水波,独具风格。红洮,又称赤紫石,土红色,石质纯净甘润,极为罕见。

洮砚在唐时已有相当的生产规模,可说是洮砚制作的极盛时期,但流传至今的极为罕见。

唐时除以上四大名砚相继问世外,其他的砚品也不断出现,使当时的制砚业呈现出繁荣的景象。澄泥砚也是在这种情况下产生的。唐人韩愈在《瘗砚文》中说:"土乎成质,陶乎成器。""砚乎研乎,与瓦砾异。"他讲的以土制作的砚就是澄泥砚。在一些古籍文献中,还把澄泥砚与端砚、歙砚、洮砚并称为唐代四大名砚。可以想见澄泥砚的制作技艺已达到了相当高的水平。

澄泥砚产于虢州(今河南灵宝市南)。唐时此地以制作澄泥砚而闻名全国。宋李之彦《砚谱》中曾有记载:"虢州澄泥,唐人品砚以为第一。"其制作方法是借助于古代制作砖瓦陶器的工艺,把泥土经过澄滤,去粗渣沉淀后,加一些坚固剂,经制坯煅烧制成。澄泥砚质地坚硬耐磨。呵气即湿,易于发墨,不损笔毫,不耗墨,能与石砚相匹敌。1983年9月我国考古工作者在河南洛阳老城东关外(隋唐东都城遗址)发现一古砚残片,仅存砚身前部,明显辨出是一龟形澄泥砚。此砚龟腹部为砚池,前侧为一弯月形的墨池。砚底有足,其色呈青灰色,质地细润。据有关人员研究,此砚是唐朝早期的遗物。甘肃也曾出土一方唐代澄泥砚,此砚有荷叶边花纹装饰,呈箕形,下设两足,质地坚硬耐磨。从此我们可以看出唐时澄泥砚跻身于四大名砚行列的原因所在。四大名砚的易名更新,正是当时制砚业繁荣的标志之一。

另外起源于汉代的陶砚生产在唐时也较多。陶质多足的辟雍砚是较新奇的品种。吉林省集安县市东台子遗址中曾出土一方辟雍砚。砚有暗纹,色泽土黄,呈扁圆形,四周有水槽可以盛水,中部凸起,圆足着地,直径 13.5 厘米,高 4 厘米,水池深 1 厘米。此砚质地细腻坚硬,形状精美适用。这说明陶质砚的制作随着社会生活的需要在不断地变化。三国时出现的青瓷砚,经隋代改进,即把以前的蹄形足改为水珠形滴足,使得砚面更为突出易用,利于水和墨的分开。到了此时,瓷砚又有新的改进,砚面平坦,周围有了沟槽以供存水,砚下则是圆足,足形外撇,其上往往镂空,有的圆足更多,则是装饰之用。1979 年在江西丰城洪州窑址中曾出土一件唐代多足瓷砚,通体施黄褐色釉,砚心下凹,底沿有多柱圆足,釉色莹亮,造型美观,这当为隋唐时代比较普遍的砚形。

此外,当时还有以未央宫、铜雀台的瓦制作的墨砚,有以覆檐瓦制作的瓦头砚,还有以泥土烧制的一种多彩陶质的三彩砚,可见唐时以泥质为材料制作的砚品也十分丰富。

唐时,济源的天坛石砚也不同凡响。天坛,系指《列子·汤问》中愚公门前的王屋山主峰之石坛而言。相传为轩辕黄帝祭天之所,故名天坛。其砚石是取材于相距不远的磨脐山、陡崖山之间的盘谷地,石质坚细。唐开元年间,此地人便取此石制砚,称盘谷砚、盘石砚,俗称盘砚。一次,韩愈和儒生高常同游天坛,途中获砚,韩愈欣然作《天坛砚铭》:"仙马有灵,迹在于石,棱而宛中,有点墨迹,文字之祥,君家其昌。"此后,天坛砚的名字便一直沿用下来。

天坛砚石,刚柔相济,易于发墨,常保湿润,蓄墨经久不涸,并且有天然生成的各种色彩和花纹,如青斑、天蓝、金线以及柳芽黄、麦叶绿等。

唐咸通年间西安府(今浙江省江山市)一地也生产石砚,因地名而称为西砚。因其砚石常年为泉水所浸,质地坚实滋润,为制砚佳材。所制之砚,同样被人们推崇。

河北易水古砚的制作也始于唐代兴盛时期。其原料取材于太行山区的西峪山,石为天蓝色的水成岩,有的还点缀着碧绿色或淡黄色的斑纹,石质刚而柔,石面泛有光泽,石色柔和,为北方不可多得的名砚佳材。所制之砚和当地制墨相誉并赞,墨称易水法,砚为易水砚,为奚家父子所创。唐末奚家后代因避战乱迁居歙中,将制墨、砚技艺传至南方。

值得一提的是五代时,青州(今山东益都一带)除红丝砚著名外,还生产一种金属砚,桑维翰制作熟铁砚多见史载,并成为人们相互传诵的一个带有浪漫色彩的故事。桑维翰才华横溢,但因面长身短,体型结构比例失调,应考时遭到考官的冷遇。他愤然返回故里,以铸铁砚为业。《新五代史·晋臣传·桑维翰》中载:"著《日出扶桑赋》以见志,又铸铁砚以示人曰'砚弊则改而佗仕'。卒以进士及第。"青州铁砚由是名扬。

唐时人们发现端石、歙石、洮河石等为制砚的绝好材料,并不拘一格地使用这些材料制砚。匠人们又以新颖、敏锐的目光,根据人们审美发展的要求,把具有纯实用价值的用具,精心雕琢成具有欣赏价值的艺术品,深得文人墨客的青睐,曾赋予它们以各种别致的名称。唐韩愈游戏文学篇《毛颖传》中称砚为陶泓，视为自己的四友之一，陶泓指的就是砖瓦砚。唐文嵩以砚拟人，在《即墨侯石虚中传》中称砚姓石，名虚中，字居默，封即墨侯。后遂以即墨侯为砚之别称。唐诗人元稹则称砚为润色先生，传为文坛趣闻。

砚台，是对砚的一种通称，但在唐时就有其名，可见其名源远流长。唐诗人司空图曾有"夕阳照个新红叶，似要题诗落砚台"的诗句。因砚形状像台，故称砚台。

在当时，砚也成为文人墨客所歌咏的内容，但大多以名砚为题。唐诗人刘禹锡《秀才赠端州石砚诗》、唐诗人李贺《杨生青花紫石砚歌》、唐书法家李邕《端州石室记》以及唐韩愈的《毛颖传》等均为咏砚的佳作，文辞优雅，饶有意趣。

六、宋代制砚的扩展

宋代，制砚业又有了长足的进步。制作区域日渐扩大，制砚技艺不断提高，制砚质材日趋多样，砚的形制以抄手砚为典型。北宋初年，山东鲁砚仍居全国四大名砚之首。鲁砚之中，青州红丝砚仍列为上乘。到了南宋，红丝石源逐渐竭尽，停产不出，一代名砚由此消失。

青州红丝砚衰落后，产于该地的紫金石砚便盛行开来。宋李之彦《砚谱》中曾列此砚为宋代名砚之首，可见紫金石砚此时已取代红丝石砚的地位，并得到社会的公认。

据说，此石蕴藏地下数丈，石叠数重，越下者其色越纯正，但人工开采极为不易，需掘土深挖方可得之，一般人所取不过一二层，如若取至第四层，石色纯紫，润泽细腻，发墨如端歙。宋代著名书法家米芾极力推崇紫金石砚，并把它和始于晋时的羲之砚相提共誉。1973 年在元大都遗址中出土一枚紫金石砚，其色正紫，砚呈凤字形，砚背刻有米芾铭文："此琅琊紫金石制，在诸石之上，皆以为端，非也。"可见此砚在当时的影响非同小可。

鲁砚中的另一种类，产于山东博山（今属淄博市）一带的淄石砚，以色泽缤纷、绚丽多彩、肌理润滑、易于发墨等特点，被推为砚之上品，素有"韫石"之美称。其品类有金星、青金、墨玉等。

另外北宋时，产于山东蓬莱北鼍矶岛（今名砣矶岛）中的石砚，也较有名气，因其岛名而称为鼍矶石砚。此石色呈青黑，质细下墨，可与歙砚媲美。其有金星雪浪纹者最佳，又名金星雪浪砚。

自唐至宋，鲁砚的品类在不断拓展和丰富，山东一带已发展成为我国砚石的一大产地。

端砚的制作，在宋时以石品质量和艺术加工同时并重，特别是在艺术上比唐时更进了一步。其构图讲究立意，注重造型，制作日趋多样化、复杂化，形成了宋时端砚制作的独特风貌。随着鲁砚中红丝砚品生产衰落，端砚渐为天下群砚之首。

宋时端石砚材的开采很多，多从水岩（下岩）取石。

由于水岩石洞长年被水浸渍，故开采十分艰难。苏轼曾有一方端砚，长 22 厘米，宽 13 厘米，厚 4.7 厘米，砚左则阴刻行书："千夫挽绠，百夫运斤，篝火下缒，以出斯珍。"以寥寥数语，道出当时采石工人之艰辛和端砚的来之不易。

水岩所产名品有鱼脑冻（坑仔岩也有此石），它像受冻的鱼脑,洁白如云,松似团絮,欲聚欲散,刻砚匠人多把它留在砚中。鱼脑冻在砚石中是极少见而又难得的品类。1986年初,在广西大苗山融水县一老画家家中,发现了一方宋代鱼脑冻砚。该砚长23.5厘米,宽14厘米,高7.5厘米,重7.5斤,边框刻有对称图案。此砚干燥时呈现赤褐色鱼脑冻彩纹,放入水中则出现颇为壮观的溶洞景致。据有关人员考证,此砚为宋代宫廷器物,距今已有800余年。

宋代端砚的采石除水岩外,还在端溪一带新开采三大坑洞。一坑因北宋时始掘采石,故称宋坑;二坑是宋治平年间开坑采石的坑仔岩;三坑是北宋时开坑采石的名坑梅花坑,因砚石上有梅花点,眼较多而名。各坑均有自己的名品著称于世。

宋坑所产砚石,石质细密,润滑坚实,色紫红如猪肝,石品有火捺和金星点。火捺,又称火烙、熨斗焦等。其特征犹如火烙的样子,色紫红带微黑,这类石品在端砚中普遍存在。形状呈圆形或椭圆形,色为猪肝者称为猪肝冻,又因像金钱状,所以又称为金钱火捺或称金钱冻,为火捺中的高贵者。另一名品金星点,是宋坑砚中特有的石品。金星点点布满砚石表面,阳光一照,闪闪发光,犹如晚间晴空星斗一般。

坑仔岩所产砚石质优坚实,纹理细腻,形成了它特有的肌理美,其形状和颜色各有形象的名称,除火捺外,还有"石中之精华"的青花石,花纹极细小,如发丝蝇翅,它不生长在石表面,而是要浸在水里方能清楚醒目,历来被视为砚中之珍奇。另一名品蕉叶白,又称蕉白。其特征是,如蕉叶初展,纯洁娇嫩,含露欲滴,蕉白纹与火捺纹伴生,蕉白石质嫩软,很是益墨,是端砚中的最佳品种。坑仔岩尤以石眼著称,其眼莹莹有光,碧晕重重,奕奕射人,看上去犹如鸟兽的眼睛,具有独特自然美、装饰美,被人称为端砚一绝。

梅花坑因产灰白微黄带有梅花点的石纹砚石而著称,也有人称九龙坑。该石又因眼多而著名于世。

宋时端砚的生产制作,既讲究砚材质量,又注重雕凿技艺,实用性和艺术性两者并重。

端砚的形制到宋时,已是千姿百态。《端溪砚谱》曾记载端砚的形状有平底风字、有脚风字、垂裙风字、吉祥风字、风池、四直、吉祥四直、双棉四直、瓢样、合欢四直、箕样、斧样、瓜样、卵石样、璧样、人面、莲、荷叶、仙桃、鼎样、玉台、天研、蟾样、龟样等五六十种。另外有一种不大引人注意的天然砚式,据说为苏东坡倡导制作,即取石不用雕凿,求其自然,真可谓璞玉浑金,独具一格。

这一时期研究端砚的专著也相继问世,这对当时制砚业的发展起到了一定的指导作用,同时也为后人研究端砚提供了大量的历史资料。宋无名氏撰《端溪砚谱》对石的出处、石质、特征及砚的形制石病等,记载详尽;另有李之彦《砚谱》一书,其中多有端砚内容;宋米芾《砚史》对端砚叙述尤详;宋高孙的《砚笺》开篇首载了端砚的内容。此外,苏易简的《文房四谱》、唐询的《砚录》、赵希鹄的《洞天清录》、蔡襄的《砚记》等都是论述端砚有关内容的著作。

宋时歙砚的制作较之唐代有更大的发展。据说婺源龙尾山下的砚山村家家有人制砚,景象相当兴盛,不少的名品相继面世,历史上曾有人按其花纹把歙砚称作金星砚、罗纹砚、龙尾砚、峨眉砚等。

龙尾砚和金星砚到宋时仍有很高的声誉。宋哲宗元祐年间,龙尾砚被列为进献皇帝的贡品。金星砚则和群砚之首的端砚并誉。黄庭坚《砚山行》诗中曾有"日辉灿灿飞金星,碧云色夺端州紫"之咏。米芾对此砚也极力推崇,曾称赞:"金星宋砚,其质坚丽,呵气生云,贮水不涸,墨水于纸,鲜艳夺目,数十年后,光泽如初。"

罗纹石砚产于罗纹山等地,品位稍低于上述两砚。此砚以美丽的罗纹粗细为品第。有的纹理如丝罗轻烟,变幻无穷;有的如刷丝粗细缠密。其细密纯净者为上品,具体可分为刷丝、暗丝等十种。

眉子砚,即砚石中的纹理如美人的蛾眉,也称眉纹砚。其形有雁湖眉子、对眉子、锦蹙眉子、长眉子、短眉子等数种。1952年,在安徽歙县出土的宋砚中,有一长方形眉纹砚,纹理细如眉睫,可算是眉子砚中之上品。宋时眉子砚已极受推崇,宋苏轼《眉子砚歌》是赞扬眉子砚的佳篇。

启于汉代的今河南省南阳市方城县境内的黄石山砚石制作的砚台,唐时已有史料记载,并成为当时书法家及收藏家的佳品。到了宋代,已成为当时较为发达的生产黄石砚的基地。

据传此山因留有汉代张良拜师、祀奉师傅黄石公的遗址,而始称黄石山,因山命砚,故称黄石砚。该砚原料为墨石、青石、紫石、青紫石和眼石五大类别,所制之砚玉质镜光,呵气成雾,着墨即研,墨光如油,不渗不涸,储久如新。宋米芾《砚史》一书中罗列全国26种砚台,将黄石砚列为石砚之首,并把当时名震全国的四大名砚,除青州红丝砚外,均以黄石砚为标准作鉴别比较,足见黄石砚在当时书家文人心目中的位置之轻重。现在方城县等地的墓葬中,多有宋代黄石砚出土,其构图简单,砚堂偏大,纯以实用为主,砚形多以长方形平板砚为主。

此外,产于安徽灵璧县的灵璧砚也为人称道。该砚石原在古泗水中,由于受千万年来的水击浪冲,形成了自然的峰峦纹理,透空玲珑,形状各异。因此石石质硬度大,石理缜密,色青润泽,用以制砚,发墨快不损笔,可与端、歙相媲美。当时的灵璧砚已作为贡品进入皇宫御府,并深受宋徽宗所喜爱。

歙砚在宋时,除匠人精工制作外,一些书画文人也兼能设计制作,而且身手不凡。被认为代表宋代形制的抄手砚,据说是苏东坡设计的式样。砚背面雕成箕形,可供手插入,移动方便灵活。此砚古朴、大方、庄重,在当时较为流行,人们也称此砚为东坡砚。1953年在歙县出土的宋代歙砚中,就有一方苏东坡设计的箕样插手砚,现藏安徽博物馆。

宋代论述歙砚的专著也相继问世。唐积有《歙州砚谱》,对歙砚的采发、石坑、攻取、品目、修斫、名状、石病、道路、匠手、攻器等分门记述。曹继善《歙砚说》对歙砚石的采制、石品种类及制砚的风格特征,记叙得也较详细。洪景伯《歙砚谱》以及米芾的《砚史》对歙砚也有详述,还有《辨歙砚说》等皆为研究歙砚的著作。

宋时洮砚的名声扶摇直上,而洮砚的生产却较稀少和珍贵。宋赵希鹄《洞天清录》中载:"除端歙二石外,惟洮河绿石,北方最贵重,绿如蓝,润如玉,发墨不减端溪下岩,然石在临洮大河深水之底,非人力所致,得之为无价之宝。"可见洮砚的盛名是与其佳绝的本质成正比的,但也可看出这时洮砚质材的开采相当困难,洮砚的制作直接受到影响和限制,其产量骤然下降。

以泥质为原料的制砚方法,在宋时得以发扬光大,人们经过长时间的不断实践和总结,逐步形成了一整套制作的具体方法。以当时兴盛的澄泥砚制作为例,宋苏易简《文房四谱》中载:"以瑾泥令入于水中,挼之,贮于瓮器内,然后别以一瓮贮清水,以夹布囊盛其泥而摆之,俟其至细,去清水,令其干,入黄丹团和溲如面,作二模如造茶者,以物击之,令至坚,以竹刀刻作砚之状,大小随意,微阴干,然后以刀手刻削如法,曝过,间空埪于地,厚以稻糠并黄牛粪搅之,而烧一伏时,然后入墨蜡贮米醋而蒸之五七度,含津益墨,亦足亚于石者。"十几道工序,每一道工序无不以使其质地坚硬为目的,加之黄丹这一铅化合物,更加强泥土的强度,经烧、蒸最后一道工序,使泥如石坚,遍体生津,易于发墨,此砚即成。

澄泥砚的制作理论对当时澄泥砚的制作具有很大的指导作用,澄泥砚的制作区域逐渐扩展。唐时较著名的澄泥砚产地虢州(今河南灵宝市)仍继续制作;相州(今河南安阳市)人则在铜雀台上自制此砚;山西泽州(今山西晋城一带)有一吕道人,制澄泥砚最为著名;山西汾河一带的绛县也是澄泥砚的又一产地,至明时较为著名;山东泗水县柘沟镇,人以当地产赤色黏土制砚,称柘砚;河北的滹沱河沿岸的滹阳(今河北省)也有澄泥砚的制作。另外,陕西省也曾收集到宋澄泥砚实物,并有题记。南宋时,因红丝砚消失,澄泥砚遂取代鲁砚登上了大雅之堂,成为宋时的四大名砚之一。

另一种以泥土为原料制作的陶砚,其质量已比魏晋时大大提高,具有很大的实用价值。如湖北武昌陶砚的制作极精,可与著名的端砚、歙砚相媲美。当时邢州(今河北邢台)也生产陶砚,另浙江也曾有宋陶砚的发现。1976年浙江武义县杏渠公社在一处北宋墓中发现一件略具箕形的陶砚,头宽尾窄,长11.2厘米,宽7厘米。墨池从后到前趋向加深,底部有一长方形沟槽,两侧底部中段微微上曲,成抄手曲线,质地较为粗松。

宋时瓷砚已多有名牌产品,盛行一时。北宋时有白中微微泛青的影青瓷砚,有胎质厚实、釉色光润、极耐磨弄的龙泉瓷砚,另有黑瓷暖砚、绿瓷砚等的制作。

宋代时,仍有金属砚的制作。现上海市博物馆即藏有宋末元初一件箕形畏庵铁砚。

另外,宋时以木质材料为砚的制作时有所闻。1973 年 10 月,在湖南省衡阳县金星公社福兴大队一处北宋墓中,发掘出木砚一件。此砚以圆木凿成,略呈长方形,一端有斫痕,表面较为粗糙,残长 7.2 厘米,宽 3.8 厘米,厚 2 厘米。这为我们研究宋代砚的种类又增添了新的实物内容。

同宋并立的少数民族政权辽国,当时也有多种质材的砚的制作。现沈阳故宫博物院中藏有一方辽代灰色风字形石砚,并雕刻有龟形图案。其做工精细,和宋砚形制以及精美程度相比,大有异曲同工之妙。以泥质材料制作的陶砚,也有发现。1987 年 11 月初在北京市门头沟区新桥大队一座辽代墓葬中,就曾出土了灰陶砚,其形制具有宋砚中较典型的抄手风格。另外澄泥砚的生产也有制作。《文物》杂志 1984 年第四期载:内蒙古昭盟巴林方旗原辽代庆州古城内,出土了一方灰色澄泥砚。砚身为长方八角形,墨堂呈椭圆形,砚面微凹,墨池作扇形花瓣,砚底有一深槽,和砚面椭圆形墨堂相对称,上有题铭刻字:"西京仁和坊李让、罗士澄泥砚瓦记。"这都说明了历史上我国各兄弟民族之间的文化交流相当密切,从另一方面也说明了辽代制砚质材的多样化和制砚技艺的较高水平。

七、元明制砚业的概况

元代的制砚业在我国制砚史上虽处于低谷阶段,但仍有具有时代特征的砚式和较高造诣的制砚匠人出现。今人刘演良的《端溪砚》一书中,即印有元代蛟龙砚的图版。该砚呈长方形,长27.2厘米,宽19.1厘米,厚4.1厘米。落池雕刻两条戏水蛟龙,线条浑厚,形象生动。加之砚堂开阔,更显得落落大方。从此可看出元代制砚的特点和不凡的技艺。

端州的砚工,首数下黄岗人马世宁较为著名。他善于巧思,据说他雕刻一方爵禄封侯砚,光构思就用了三个月的时间,随后又用了一年的时间雕琢完成。此砚四周雕刻有梅花鹿、猴子、鸟雀和蜜蜂,形象逼真,极有生趣,为元代砚中不可多得的珍品。

歙砚生产,到元时已处于江河日下的境地,今人穆孝天《安徽文房四宝史》中载:"元至元十四年(1277),有一个所谓达官命令婺源县尹汪月山就近征集民工,开掘歙砚,但其结果是石尽山颓,压死了许多无辜的劳动人民。"这正是剥削阶级的残忍统治和砚工们遭受非人待遇而困苦不堪的真实写照。后来由于战乱连年,歙砚生产极不景气,砚工久废,雕琢技艺日渐低劣。据《婺源县志》载:"自元兵乱后,琢者日拙,识砚者尤鲜。"

这时的砚工艺人已寥若晨星,唯安徽婺源(今江西省婺源县)外庄人叶瓖较为著名。因叶制砚多善思独创,所琢龙尾砚精妙绝伦,时人多以他的制作为楷模。

元代歙砚的制作,现仍有实物遗存,如有一种圆球形歙砚。

此砚球一端稍平整，为砚底座，上端开有砚堂，刻制匀称，款式新颖，不失为元代砚中之佳品。

黄石砚的生产到元时仍在继续，现在的砚石沟还保存着一个元代的采石洞，其规模是众多古采石洞中最大的一个。金诗人元好问曾登临黄石山游览，对黄石砚赞不绝口，称之为"石中上品"。

洮砚的生产在宋时已甚少，到元代更稀如凤毛，当时文学家陆友仁、元好问等都有不少称赞洮砚的诗词佳作传世。从中可觅到元代洮砚生产制作及影响的蛛丝马迹。

元代制砚，仍以石质为主要原料，并在砚的形式上有所创新并较注重实用。1972 年，在北京发掘出土了一件元代石暖砚。该砚长 32 厘米，宽 28 厘米，厚 18 厘米，砚上凿有两个墨池，内有使用过黑色和红色墨的遗存。这种能盛放两色的砚具，实属首创。更有意思的是，墨池下面凿有一腔膛，上宽 17 厘米，下宽 12 厘米，高 10 厘米，深 15 厘米，内壁有烟熏火炙的痕迹。这既便于手插入移动，冬季又可作为加温取暖之用，可防墨结冰。这是适应北方特点的具有实用价值的砚具。

元时瓷砚的制作，从形制到色彩都呈现了多样化的趋向，笔者曾目睹一件元代双层三彩瓷砚，釉色鲜艳，双层结构，砚下无足，为平板结构，砚首侧卧一睡童，砚面宽大，砚池微深，当为一件难得的使用兼欣赏的瓷砚。

元时除有制砚的工匠外，还出现了擅长修补石砚的匠人。浙江钱塘（今杭州）人韩文善身怀补砚绝技，名扬当时。据元陆友仁《砚北杂志》中载：即使砚石支离破碎，只要原石碎块尚存，修补匠人就能将其接补完整，可达到天衣无缝、完好如初的地步。

明代时，制砚工艺则有了新的发展。砚材种类广泛，砚形题材多样。其造型古朴浑厚，制作工艺日臻完善。这时一部分砚台已由实用为主转为实用和欣赏并重，有的则完全演变成为单纯的工艺美术品。

宣德年间端砚又新开砚坑宣德岩。其石色多以猪肝色为主，兼有紫蓝、苍灰色，石质细腻温润，但好石较少。端砚的制作，呈现出继往开来之势。既有唐宋时期较为固定的形式，又开拓出具有明代特征的随形砚式。砚工根据砚材原有的形状、花纹等确定砚的形制和图案造型，经过雕凿加工，妙趣天成。如蛋形、器具形，瓜果形以及其他杂形。还有得石不用加工即为砚的天然砚，以及没有实用价值，仅为收藏家喜爱的平板砚等。

明代端砚的一大特点是砚式丰富多彩，其纹饰题材较为广泛。今人刘演良在《端溪砚》中有详细的记载："如花鸟、鱼虫、走兽、山水、人物（包括仙佛）、博古（图纹、器皿）等，其中又以云龙、龙凤、双凤、云蝠、松鹤、竹节、落叶、仙桃、灵芝、秋叶、花樽、玉兰、棉豆等居多。"

多种形式的砚式和不同纹饰的端砚，反映和代表了明时制砚业的主流，即向工艺品方向发展。明代学者陈献章有一方云龙砚，长 27 厘米，宽 22 厘米，厚 5 厘米。砚呈随形滑菱砚式，石眼作龙眼，龙首现于云涌之中，立体感较强，现藏于广东省博物馆。明末清初藏书家吴之振有一方明虫蛀雕龙砖形端砚，该砚厚约 6.6 厘米，三面有眼，间出虫蛀，虫蛀处雕作朵云，上浅雕一龙，腾飞于云层之中，制作巧雅，现藏于承德避暑山庄博物馆内，流传至今。而较有影响的是明代顾从义摹刻的石鼓文端砚。该砚直径 18.5 厘米，高 14.4 厘米。砚的四周和池头、砚背摹刻有秦代石鼓文残字 434 字。它不仅是砚中不可多得的珍品，又是研究石鼓文的极好资料。

此时在端砚上题诗铭跋的风气已极盛行,成为文人雅士以至平民百姓以砚文言志、记情叙怀的一种表达方式。特别是一方质量佳绝的端砚,经过辗转,其上镌刻有名人铭文后,更是身价百倍。这样的石砚不仅具有实用价值、艺术欣赏价值,而且还具有文物价值。

明代制砚业蓬勃发展,砚工名匠相继涌现。正是由于这些良匠的共同钻研和奋发实践,才使明代石砚呈现出生动活泼、丰富多彩的形象。加之手工艺的精进,把端砚生产推向一个史无前例的崭新时期。

龙尾歙砚的制作,从日趋衰落的元代起,至此一蹶不振,真正好的歙砚的生产微不足道。宋时为人称道的安徽灵璧的磬山石,是制砚的绝好材料,但明洪武初年曾改为他用,取其石作磬,赐给各府文庙,作为敲击的鸣器。明代歙砚的遗存也极少,现安徽省博物馆内藏有此时的实物。

见于史传的明代徽州砚工以汪砚伯为最。汪砚伯平生善琢砚,不仅名扬徽州一地,而且还到浙江绍兴为人制砚,往往立得重价。因他名望很高,据史载曾一时间将越中藏石刻尽。

黄石砚的生产比元时有了长足的发展,明嘉靖《裕州志》中载:"砚山亦在黄石山后,产石细腻,分青、紫、白三色,作砚最良。"裕州既现在的方城,当时制作的砚石除文人墨客收藏外,还进入了销售市场。明代学者苏州人马愈所著《马氏日钞》一书中曾载有当时售砚之事,明代张应文《论砚》中称方城石为砚石上品。在砚石沟口,有许多明代遗留下的采石洞,在沟口处保留有"明代永乐五年十二月"的字样。可惜的是,1994年当地群众采石时把它全部炸掉破坏了。

　　四大名砚之一的洮砚,在明时因砚材资源难以寻觅,终未发展起来,尽管此时仍有少量的洮砚制作,但已成为单纯的工艺美术品。如十八罗汉洮河砚,其上就没有使用过的痕迹。

　　明代人对洮砚的理论研究也有一些著作,如明高濂的《遵生八笺》,明屠隆的《考槃余事》等均有论述洮砚的篇章。

　　澄泥砚的制作,在明时又走向了广阔的天地。其特点是:在雕刻上由粗略向致密发展,粗枝大叶的刀法,已不多见。砚泥的色泽也是五光十色,有朱、紫、黄、绿等色。砚的形式,多是因袭石砚的风格,有长、方、圆、八角等。制品绝佳者,泥质细润、泛有光泽,同样是收藏家珍视的名品。宋朝常见的印款已不多见,代之而起的是名家的铭刻题字,这充分体现了当时的社会特色。

　　澄泥砚的产地,仍以山西临汾河沿岸的绛县较为著名。明古籍《珍珠船》中载,绛县(今山西省境内)人把绢袋置于汾水中,一年后袋中泥满,取出风干后刻制成砚坯,再经火烧炼成砚。澄泥砚以质细而洁净者为佳品。

　　明代曾有荷鱼朱砂澄泥砚传世。今人蔡鸿茹《澄泥砚》中说:"荷鱼朱砂澄泥砚,雕刻线条流畅,造型生动活泼。为了突出色的形象,在鱼的周围及托鱼的荷叶上,烧制前都着上黑色,在黑红相交处可以看见墨点。黑红二色相映,衬托出艳丽的红色。"从此可以看出明时澄泥砚的着色工艺也有了发展。

　　以泥质材料制砚,除澄泥砚外,还有其他种类。湖北咸宁人齐讷庵,曾制一瓦砚,质量不逊于铜雀台瓦。云南昆明人康浩以制陶砚闻名,其做法较为奇特。据《云南通志》载:制砚时,将玉屑和泥在袖中团弄,制作成砚,人称为康砚。

　　山东鲁砚的生产,尽管失去了昔日的繁荣景象,但仍有新品类的问世。清初文坛名士王渔洋《池北隅谈》中载:"邹平(山东省中部偏北,小清河流域)张尚书崇祯间游泰山,宿大汶口,偶行至汶水滨,水中得石,作多蝠砚。"此砚一经面世,即传为奇物。该砚石色呈深土黄色或土黄色偏棕灰色,石中诸多斑纹,形态犹如飞燕或蝙蝠,有的则如蜜蜂、蝴蝶或蜻蜓的身姿。观其形宛如浮雕,有很强的立体感,俗称燕子石或蝙蝠石。

因燕子石质地坚密,细腻嫩润,所制之砚砚面洁净,泛有光泽。用手抚摸,宛如幼儿肌肤,呵气凝珠。它是鲁砚中难得的新品类。1987 年,天津艺术博物馆举办的"中国砚史"展中,就有一方盈尺椭圆形砚,砚缘周围有近百个振翅欲飞的蝙蝠,这就是著名的多福砚,颇引人注目。

山东鲁砚中又有田横石砚的新制作。据明嘉靖《即墨县志》中载:"田横石可琢砚。"从此可看出此石在当时已开始作为琢砚的材料或已经被雕凿成砚。因以产于即墨县(今山东省平度市东南)城东一百华里的田横岛,而命名为田横石砚。砚石以产水岩为最好,温润不燥,质地细密,色呈纯黑,但不乏金星石品,下墨颇利。

鲁砚的生产由于地理环境不便利、资源开采困难等诸多原因,其生产制作已有很大的局限性。加之当时达官贵人、文人墨客均偏爱端歙二砚,多以二石夸富,鲁砚便少有人提及了。但是,在一些文人的著录中,还有一些记载,并把它列为名砚佳品。明高濂《遵生八笺》中载明时名砚:"如墨角砚、红丝砚、黄玉砚、褐色砚、紫金砚、鹊金墨玉石砚,皆出山东。"从此看来,各种名目的鲁砚,在明时仍有相当地位。

明时砚材的开掘,又有新的发现。明英宗年间,宫廷曾派钦差提督专门组织砚工匠人,在今北京市门头沟潭柘寺老虎山一带,开采御用石料。至今在当地还存放有"内官监紫石塘界,钦差提督马鞍山管理工程太监何立"的石碑以及当年修建的监工台。在故宫博物院收藏的明代古砚中,也有类似潭柘紫石砚的品类。可以肯定明时此石已成为制砚的佳材,并成宫廷中的珍品。

潭柘紫石砚为含红柱石铁质泥板岩,呈紫猪肝色。因红柱石粒均匀,质地缜密坚实,晶莹温润,均细光亮,发墨益笔,为北方砚中的后起之秀。

产于我国东北长白山脚下的松花石,此时也已开始作为砚材。松花石又名松花玉,石质细腻温润,坚硬易发墨,色彩多为深绿、浅绿两种,杂有黄色。丝纹多为刷丝。因岩内含磷,对书画防虫蛀有一定的效用。松花砚也可称为明砚之妙品。

四川合州(今重庆市合川区)嘉陵江山峡之中鼻峡峡口,明时开坑采石制砚,称嘉陵峡砚。此砚石质细腻如玉,工艺精绝巧雅。

我国河西走廊的嘉峪关黑山峡也出产砚石。用此地的砚石制作的石砚,人们称之为嘉峪石砚。此砚为青、绿等五色,且具有三德:体质润泽,既不废笔,又不废墨,为一时佳砚。20 世纪 50 年代初期,在兰州明嘉靖年间兵部尚书彭泽的墓葬中出土的一方仿古琴单砚,即为嘉峪石制成。

衢州开化县(今浙江开化县地)有一种极大的黑色石砚制作,明文震亨《长物志》中有载。

永乐年间,还有少数以大理岩制作砚台的,一般为白、黑、灰、绿等颜色的花纹,泛有光泽。1986 年 10 月在湖北丹江口市挖出一方大理石砚。砚长 36.5 厘米,宽 28 厘米,高 10 厘米。砚四周三侧雕有花纹图案,一侧有"永乐癸未年"的题记。

明时人们对如何保护砚品,也有研究,并积累了较为丰富的经验。珍贵的砚多以砚匣贮存,且装潢也十分讲究。明屠隆《考槃余事》中载:砚"匣以紫檀、乌木、豆瓣楠及雕红退光漆者为佳"。用匣存放砚品,一可养润,二可防尘。

为保护石砚的石质细腻坚实,明人根据砚石多浸于水而滋润的道理,大都以水养砚。明屠隆《考槃余事》中载:"凡砚池水不可令干,每日易以清水,以养石润。磨墨处,不可贮水,用过则干之,久浸则不发墨。"这一经验之谈,今天仍可为我们借鉴、采用。

明时,人们讲求爱砚、养砚,且更注重每日的洗砚。古谚有"宁可三日不洗面,不可一日不洗砚"之说。明屠隆《考槃余事》中记有较为详尽的涤砚法:"日用砚须日涤去其积墨败水,则墨光莹润。若过一二日,则墨色差减。春夏二时,霉溽蒸湿,使墨积久,则胶泛滞笔,又能损研精彩,尤须频涤。"值得注意的是:"以蓖麻子擦砚滋润,不得以滚汤涤研,不可以毡片故纸揩抹,恐毡毛纸屑以混墨色。"书中还记载了端砚的洗涤方法:"今以皂角清水涤之为妙,或以半夏切片擦砚,极去滞墨,或以丝瓜瓤涤洗,或以莲房壳涤洗,去垢起滞,又不伤砚,绝佳。大忌滚水磨墨,茶亦不可,尤不宜令顽童持洗。"这些对我们今人仍有借鉴作用。

八、清代制砚业的萧条

清代砚材资源的开发、砚石种类、石砚式样、花纹风格、雕刻技艺以及砚匣装潢等,均有超越前朝历代之处,基本上完成了从明起由实用价值向艺术欣赏价值的过渡,使部分砚台成为单纯的艺术品。同时,还出现了较多的制砚名家、砚台收藏家。到了后期,由于我国内忧外患,名工匠人已不能有安定的环境来精心创作,因此制砚业出现了停滞、衰落的景象。

清时仍以端砚最为名贵,备受时人推崇。端溪砚石的开采,清康熙时,又在明坑宣德岩附近开一新坑,因洞口大而朝天,故名朝天岩。该砚石质较细腻,色呈紫蓝,且砚石中有青苔半点。这一特征已成为区别于其他岩洞砚石的显著标志。

乾隆时对水岩进行再次开掘,又新开凿了麻子坑。此坑因是一位脸上带麻子的陈姓采石工人第一个发现并开掘得石,人们为纪念他的功绩,便将此坑取名为麻子坑。麻子坑石质坚实、幼嫩、细腻,石品有青花、火捺、蕉叶白等,并有石眼名品,堪与老坑砚石比美。

端石的开采,在乾隆时为兴盛发展时期。当时的石砚,至今仍有实物相传。当时编纂《四库全书》的总裁官纪昀曾以朱笔点窜、润色此书时用的一方官砚,仍存至今。此砚石质较佳,制作精美,砚长24厘米,宽11厘米,砚心略凹,右端为墨池,左端是题铭,并刻有乾隆御铭:"其制维何,致之石渠。其用维何,承以宣诸。研朱滴露润有余,文津阁鉴四库书。"砚匣以檀香木制作,古雅生辉。可使我们一睹乾隆时制砚之风采。

嘉庆元年(1796)和六年(1801)也曾两次对水岩进行开掘,收获甚富。但其后出现了"老坑石几尽,坑闭不复采"的境况,老坑砚石停产,人们已多以麻子坑石制砚。

在嘉庆初年,人们除在以往旧坑中采石外,还发现开掘了新坑茶坑。清吴兰修《端溪砚史》中载:"嘉庆初,山民始掘之,持至端州,砚工见之始采为砚。"该砚石中有火捺、绿眼等,又多绿脉,嘉庆中后期,和麻子坑砚石一起代替老坑砚石,制作成砚,作为进献皇宫的贡品。

道光八年(1828)由县丞陈铨主持重新对水坑采石,获石数百。道光十三年(1833)端州人请开砚坑,以工代赈,经当时任两广总督的卢坤同意,从十一月二十七日汲水,正月十日采石,三月十日泉至而毕。一年之中只不过有三个月左右开采时间,从中也可看出当时采石时间之紧迫,条件之艰辛。

相传咸丰九年,在宋坑仔岩洞内采石,曾出现大塌方,造成大的伤亡事故。咸丰后,一些砚坑多年停产而荒废,端溪砚石的开采逐渐减少,使端砚制作走向低潮。

到了光绪十六年(1890),两广总督张之洞绅商合办开采水岩,以备贡品,获石大小数千枚。这次开采水岩砚石是历史上的最后一次。

从以上几例可以看出,清朝从嘉庆、道光以后端溪砚石的开采日益困难,获石逐渐减少。这也促使当时的制砚艺人以工取胜,偏重精巧,使端砚逐渐转向工艺化、装饰化、陈设化。

清端砚传世之佳作多为当时名工所制。清初江南刻砚名手王岫君,所琢之砚雄浑精致,在江南推为第一,并在清代雕刻艺术中享有盛誉。现天津博物馆藏有王岫君刻的一方山水砚,正反两面依原石凹凸嵚崎的天然形态为山水,构图奇巧,颇具匠心。清初吴门(今江苏苏州市)的顾德麟继承父业,工制砚,多仿古式,朴雅精好,颇为人羡慕。此后子孙几代相传其业,其中尤以儿媳顾二娘为砚工中的好手。所琢之砚,在古雅之中别具华美之感,闻名当时朝野。她平生制砚,非端溪老坑石不奏刀。当时高要知县黄任在苏州时,曾请顾二娘手琢青花砚一枚。砚的正面雕飞凤流云纹图,环绕砚池四周。该砚现藏北京故宫博物

院。另顾二娘所刻洞天一品砚，也为传世之宝。此砚现藏北京
故宫博物院。福建闽侯人谢士骧善琢砚，曾刻蕉叶白海天旭日
砚。砚周刻海浪浮云，砚池为圆形，犹如一轮红日，从海面上喷
薄欲出，左上角有一碧绿的石眼，点缀其间，与红日相互辉映，别
有意趣。此砚现藏天津艺术博物馆。另广东省博物馆珍藏的清
棉豆松鼠砚、千金猴王砚、古兽砚以及广州陈氏书院藏的古瓶形
砚、云月砚等均是清代砚品佳作。清代制砚名家，除上述几人
外，还有江苏镇江人梁仪、上海人瞿应绍等。

　　清时已较注重对端砚的产地、石质、石品、花纹、形制等进行
系统的理论研究，著书立说成风。清高凤翰以收藏石砚千方，为
人注目。他对质佳形美的砚品，加以铭跋题署，镌刻砚上，拓为
砚图，编成《砚史》一书，其中有不少是端砚谱录，给后人研究端
砚提供了较宝贵的图片资料。清高兆也是当时有名的收藏家，
并著有《端溪砚石考》一书，对端砚坑洞开掘等有较详尽的记述。
吴兰修的《端溪砚史》也是一部较为详尽的端砚论著。它记有端
州采石各坑及图录，论及石品、石色和砚工、砚式、用砚、藏砚等
法。另朱栋的《砚小史》、景日昣的《砚坑述》、余怀的《砚林》、朱
竹垞的《说砚》、梁绍壬的《两般秋雨庵随笔》等，都是研究端砚的
珍贵资料。

　　歙砚的生产，在清时仍不景气。清时歙砚的精品佳作虽极
为罕见，但始终不失其地位，备受文人墨客所宝爱。

　　黄石砚的制作有了很大的发展，在砚石沟中部，分布有清
代的数个砚石坑，生产规模可见一斑。其砚制作相当精致，至今
在民间还有不少清代传世古砚。如当代某收藏家收藏的一砚
台，为清初荷叶金蟾砚（如图18），砚石为一紫石，整个砚台为荷
叶状，上端为荷叶翻展，生动有致，上卧金蟾造型独特，纯为一方

图 18　清代荷叶金蟾黄石砚

欣赏兼实用的砚台,据今 420 年之久。

清代,洮砚的制作没有长足的发展,澄泥砚的产地也没有突破原有的规模,却出现了一些新的砚石产地和砚品。

宁夏银川市西北部的贺兰山高峰笔架山下产砚石,所制之砚称为贺兰砚。此石开采起于何时,至今尚无结论,首次文字记载见于乾隆版的《宁夏府志》:"笔架山在贺兰山小滚钟口,三峰矗立宛如笔架,下出紫石可为砚,俗呼贺兰端。"

贺兰砚石为泥质板页岩,结构匀密,刚柔相宜,绿紫二色,交错压叠,别有意趣。更引人入胜的是,有的砚石竟长有端砚中的石眼,这大概就是贺兰砚石称为贺兰端原因所在。以此石雕凿的砚石发墨宜毫,下墨快且细,耐用不干涸,素有"存墨过三天"的赞誉。晚清书家谢威风任宁夏道台时,曾召请南方制砚高手来此地传授技艺,使贺兰砚的制作走上了新的创作发展道路,以独特的艺术风格享誉砚林。到清朝末年,广泛流传"一端二歙三贺兰"的说法,足见这时贺兰砚已有飞跃的发展。

大约在嘉庆年间,湖南浏阳的菊花石已被人发现,并用作制砚材料。菊花石是生在浏阳的浏渭河里的一种石头,因长有晶莹洁白、状如菊花的纹理,被人称为菊花石。砚工们利用它灰黑色石上的白色菊花纹,依石取材,雕成多种形制的砚台,多受人们的赞美。

同治年间,苴却县(今云南永仁县)始有石砚问世,因地名称

为苴却砚。其砚以石质坚而不顽,细腻而不滑,发墨不损毫,保
湿利笔,色泽雅丽,而受人称颂。更为称奇的是,砚石上的石眼
明莹多彩,酷似鸟兽眼之形,惹人爱怜。1915 年,苴却巡检宋光
枢曾取砚三方,赴巴拿马万国博览会展出,受到了好评,被选为
文房珍品。从此,苴却砚名扬海内外。

山东鲁砚中的龟石砚,在清时始被载入《临朐县志》中。此
石产于临朐县东南辛寨龙岩寺石涧沟壑中,天然龟状,叩之底盖
自然离合,质地细润,蓄墨数日不干枯,石色呈黄褐、赭红、茄紫
诸色,以特殊的风格在鲁砚中独树一帜。

清乾隆《曲阜县志》又有尼山石砚的记载:"尼山之石,纹理
细腻,质坚色黄,可以为砚,得之不易。"只是此砚当时用者甚少。

清时燕子石砚多有文字记载。清盛百二《淄砚录》中说:"此
石莱芜往往有之……其背有如蝙蝠者,如蜂、蝶、蜻蜓者数十,文
皆凸起。其一石面有珠,蝙蝠影大寸余却不易得,名之曰鸿福
砚……可为读《易》研朱妙品。"

另外,久已驰名的红丝砚在清《青州府治》、《临朐县志》上均
有载述,清高凤翰《砚史》中也有青州红丝砚的记载。

综上所述,清时的山东鲁砚,无论在制作生产上,还是专门
著书研究上,都掀起过不小的波澜。但到清末,由于帝国主义的
侵略,砚石产地也遭到了严重的破坏,鲁砚也就开始衰败了。

始于唐时,产于河南济源的天坛砚,在清时多为人称誉。清
乾隆帝曾考证天坛山盘谷寺的来历作《盘谷考证》一文刻在寺后
石崖上,此后名人多登临,盘谷声名大震,因此天坛砚,又有人多
称盘谷砚。

这时产于我国东北的松花石已较闻名,但当时松花石的开
采已被清室所垄断,其制作也是如此,宫廷中已专门设有皇家砚

工负责着意雕琢，以供清室帝王御用。现北京故宫博物院仍藏有松花石砚，其上曾有康熙、雍正等皇帝的题款，足以证明此石备受清室所推崇。

后因松花石产地是清室祖先的发祥地，故被查封禁闭，停止开采，致使松花石砚从此销声灭迹。

当时从事雕琢松花砚的砚工，见于著录的多是皇家砚工，金殿杨就是当时的名手，在宫廷内所制松花石砚最多。清孔尚任《享金簿》中有载。

石砚中，在清时较有名气的还有贵州思州的金星石。此石以质地坚润，惜墨惜色为人称颂。自康熙起，思州砚被列为宫廷御砚。

北京西山潭柘寺所产潭柘紫石砚，这时也进入宫廷，现故宫博物院收藏的清古石砚中，就有用潭柘紫石制作的砚台。

清时，其他材料的制砚工艺，也有不同程度的发展。当时由于漆器工艺的发展，漆砚的制作取得了一定的成就。乾隆时扬州人卢映之，以擅制漆器而闻名。他曾仿制宋代宣和内府的漆砂砚，极其精妙牢固。其孙卢栋在他的影响下，在道光年间也已成为较有名的雕漆能手。他的仿宋宣和漆砂砚的制作，更胜于其祖父一筹。所制之砚，形质类澄泥而绝轻，入水不沉，加之工艺精良，雕镂巧致，多为世人称颂。他制作的漆砚，大都配以自己制作的漆砚匣，匣盖上雕刻、镶嵌各种精致的图案，珠联璧合，相得益彰。现北京故宫博物院藏有他的嵌螺钿梅花漆盒。

以石砂、漆和纸制作的纸砚，在清时已崭露头角。这种纸砚，实际上也就是世称的漆砂砚，只不过是制作时掺入了纸的成分。清时这种纸砚在浙江海宁地区也有制作。

清代晚期，由于经济衰落，漆器技法逐渐失传，漆砚制作也走下坡路,越来越不景气了。

清时还有澄泥砚的制作,并进入宫廷御用。1988年,在末代皇帝的两个弟弟溥杰、溥任捐献给国家的8件珍贵文物中,有一件就是乾隆御制题铭澄泥瓦式砚一方。另外此时,还有陶砚、木砚、金属砚以及玛瑙砚、翡翠砚、水晶砚的制作,形成了清时制砚具有多样的砚材种类、丰富的砚台造型、完善的制作工艺和广泛的装饰题材的特点,表明了清时砚台已发展成为综合雕刻、绘画、书法等诸种艺术的工艺美术品。

清时瓷砚的生产仍不乏精品的制作,青花瓷砚、粉彩瓷砚均代表了清时瓷砚制作生产的风格。

清时制砚名家众多,除上述各砚的专门砚工外,还有吴门(今江苏苏州市)的顾公望、王幼君,南京的守陵户陆子受,太仓(今江苏)的吴完夫,浙江余姚的黄宗炎,甬东(今浙江宁波市)的朱龙、卫凫溪,浙江吴兴(今湖州市)的张圻,浙江归安(今湖州市)的沈嘉林,山东曲阜的孔传焯,安徽桐城的张纯,娄县(今上海市)的沈崇益,铁岭县(今辽宁省)的刘淳等,均为清时制砚业的发展做出了一定的贡献。

九、解放后制砚业的新天地

解放后,我国传统制砚业得以恢复和发展,并日臻兴盛。全国各地的砚品相继获得新生,尤其是唐代四大名砚重放异彩,揭开了中国制砚史上崭新的一页。

建国后,鲁砚的生产蓬勃发展,推陈出新。鲁砚中首屈一指的红丝砚石,自南宋埋名后一直默默无闻。上世纪 60 年代,一些专家学者根据书中记载寻至山东临朐,使此石重新开掘出来。

上世纪 80 年代,濒临湮没的徐公石砚在沂南县徐公店村砚石沟也被重新开发出来。此石藏于层层叠杂的石片下,包裹于黄土之中,极不易被人发现。人们只有搬开石片,挖除黄土,才可获得徐公砚的砚材。砚工艺人根据多姿的纹理和砚石的形状,随形走势,因材成器,以自然朴实为美,以雄浑无华为尚。以此石所制《朝霞映辉》、《云雾弥漫》等砚,堪称徐公砚的代表作。

上世纪 70 年代,山东费县的燕子石被重新发掘,雕刻成砚,深受人们的喜爱,进入 21 世纪,燕子石砚厂已发展到 10 家之多,所制的砚台畅销日本、美国、东南亚、中国香港等国家和地区。

为了继承羲之砚(即金星砚)的制作工艺,1988 年成立了羲之砚厂。雕刻艺人在传统的制砚工艺上又有创新,制作的石砚越来越受到国内外书画文人的关注和赞誉。赵朴初曾作《鲁砚》长诗一首赞美道:"抚之细滑如脂凝,呵之油然雨云腾,磨之随墨出乌漆,濯之出水见金星。刻制简朴出新意,异彼雕龙俗可憎。……昔者东坡评淄砚,谓其发墨而损笔。岂知鲁砚有绝伦?惜彼不见他山石。"现羲之砚已成为馈赠亲友、开展文化交流及收藏家收藏的珍品。

当今鲁砚的制作名匠辈出。山东沂南县徐公店人王兆来,所制徐公石砚精犷朴拙,浑厚大方,创造了与前人迥然不同的艺术风格。其砚式有竹简砚、古琴砚等。山东费县青年工艺美术师韩书凡,自幼酷爱石刻艺术。他制砚时因材成器,巧夺天工,所制石砚高雅奇绝,简练古朴,令人耳目一新。1988 年 4 月,他在中国美术馆举办了个人石刻作品展,以雕刻精美、品种繁多而引人注目。他雕琢的徐公石玉女静思砚、金星石荷叶砚,以及燕子石砚等都深得国内书画家和国际友人的赞叹。

解放后,广东还逐渐恢复了清末以后荒废了的端溪砚石的开采,组织已改行转业和流离他乡的老艺人重新献技亮艺,揭开了端砚史上新的一页。1959 年建立了肇庆市工艺厂,有重点地恢复了端砚的生产制作。

1962 年,重新开采麻子坑洞;1972 年,一批老坑岩优质砚石问世;1977 年,重新开凿坑仔岩;1978 年,又有不少佳石被重新开采出来。以后,宋坑、梅花坑等相继重新开凿。至今为止,各名坑砚石基本都有自己的代表产品问世。

端砚的开采,仍基本沿用古代传统的手工作业,但过去那种"人采者,无不持灯;灯在洞中,气无所泄,烟煤皆着人体,故采石而出者,下身沾黄泥,上身受烟煤,无不剥驳如鬼"的情形已成为历史,电灯代替了油灯,抽水机代替了陶罐。工作条件的改善极大地调动了采石工人的劳动积极性,现每年开采量可达万余公斤。

端砚生产坚持古为今用、开拓创新的原则,不少具有民族风貌和时代特点的佳作相继面世,其欣赏价值和实用价值、社会效益和经济效益相互统一。1979 年 6 月至 7 月,广东省轻工业局、中国历史博物馆在中国历史博物馆二楼联合举办了"中国端砚展览",展品共计 350 多件,可以说这是对端砚的一次大检阅。2001 年正式成立肇庆市端砚协会,将全市近 50 家砚厂组织起来,为做大做强端砚文化产业奠定组织基础。

端砚的制作朝着博大的方向发展,巨型砚的制作多有问世。1989 年,肇庆端溪名砚厂经过两年多的精心雕凿,制作了一块名为七星岩古今碑刻砚的巨型砚。此砚长 200 厘米,宽 105 厘米,厚 8 厘米,砚堂 100 厘米左右,重达 1 吨多。砚工还将肇庆七星岩内唐以来历代名家墨迹和摩崖石刻中的佳作,用刀刻写在砚台上,作为这块砚王的装饰和砚铭文。

端砚制作的名家高手层出不穷,其中佼佼者,首推现代著名琢砚家陈端友。他自幼学习刻砚,早年曾师从扬州著名琢砚能手张太平。由于他技艺超群,融绘画技巧于刻砚之中,所制之砚别出心裁,成为现代制砚巨擘。端溪名砚厂的制砚名家黎铿,刻苦钻研,设计独出心裁,所制之砚妙趣天成。1972 年,他创作的宋坑端石百鸟鸣春砚,在秋季广交会上引起轰动,被日本客商以 9000 元人民币的高价购走;1978 年他设计的一方星湖春晓砚,获广东省轻工科技一等奖,被轻工业部以 15000 元购藏。

1988 年,文物出版社出版了今人刘演良的《端溪砚》一书;这是一本较为系统的研究端砚的力作。书中详尽介绍了端砚的沿革和发展,各名坑概况以及端砚石品花纹、石眼等专门知识,并介绍了端砚的使用、鉴别和保养的方法。书后录有历代文人学士对端砚的砚铭和诗词佳作。

解放后,政府极为重视歙砚的制作和开发。于 1964 年建立了歙县工艺厂,后改为安徽歙砚厂,是歙砚生产销售的唯一专业厂家。在砚工们的努力下,又恢复了歙砚的生产。砚工们严格选料,巧妙设计,精心制作,使歙砚具有湿润发墨、贮水不耗、墨色浮艳、一濯即莹的优点,被人们视为书画艺术用具中的珍品。

歙砚的石品也在不断丰富,一些被称为"绝迹"的历史名品,如雁湖眉子、鳝纹、眉纹、青绿荤石、对眉子等都重现世间。1988 年,在歙北山区首次发现了罕见的歙红、歙青两种砚材。歙红砚石,呈猪肝色、赤豆色,石质细腻滑润,硬度适中,属上乘砚材;歙青砚石,纹饰素雅,石质坚而润,敲之有金属声,具有不吸水、下墨利毫的特点,也是一种较为理想的砚石材料。它们与原有的金星、银星、金花、银花、金晕、水波、粗细罗纹等石品,构成了较完整的歙砚石品体系。

歙砚不仅以石质优良立足砚林,而且还以造型优美、雕琢精细名盛古今,蜚声中外。歙砚制作在设计上注重简洁,雕刻以浮雕为主,刀法挺美细腻,线条流畅,形成了以精细见长,注重写实的徽派雕刻技艺,所雕龙、鱼、牛、蛙、亭、阁、楼、台、古今仙人,无不神态逼真,精细入微。安徽歙砚厂2011年被指定为上海世博会特许商品生产商,同年被国家商务部命名为"中华老字号企业"。

关于研究歙砚生产演变的专门书籍,除今人穆孝天的《安徽文房四宝史》外,砚石研究专家程明铭撰写的《中国歙砚研究》一书,是当今歙砚研究的一部最新作。

建国后由于种种原因,黄石砚的开发制作曾一度落后于端砚、歙砚、洮砚。在沉寂一段时间后,于1991年重新恢复生产制作,1993年成立了河南裕联黄石砚工艺有限公司,其后生产制作砚台的个体企业也相继涌现,使之获得新生。1993年所产黄石砚荣获"国际中国书画博览会"金奖,1995年被国家轻工业部推荐为名牌产品,2006年,经国家邮政总局批准,黄石砚邮票跻身于"文房四宝"系列邮票,全国发行。特别值得一提的是,自幼生长在砚山铺的任永廷先生,创办了方城黄石砚工艺厂,在继承传统工艺的基础上大胆设计,将西汉石画像图案引入砚台的雕制中,其制作的砚台朴拙大气,古意盎然,文化特色明显,有较大的发展潜力和竞争力。其于2010年11月将生产制作的黄石砚亮相于京城,相继参加了"第三届中华民族艺术珍品文化节"、

"第五届中国北京国际文化创意产业博览会"的展览,并被中华民族艺术品珍馆收藏。

解放后江西婺源县也恢复了龙尾砚的生产。1964 年,该县成立了砚台生产合作社,制砚工人在继承传统工艺的基础上,根据时代的特点不拘一格,不断创新,使龙尾砚以新颖多样、简洁明快、古朴淡雅的风格展现在人们的面前,被当代书画家赞誉为璀璨的"砚国明珠"。1980 年,获国家外经贸部、轻工业部颁发优质产品证书,其砚作多作为国礼赠送国际友人。

唐时闻名全国的四大名砚之一的洮砚,解放前由于私人无力采石,只有少数砚工捡些外露劣石制作,技术落后,数量极少,雕凿不佳。解放后,这一宝贵艺术迎来了春天。1964 年起,甘肃工艺美术厂组织当地砚工匠人调查发掘,上山重新开采山崖上的鸭头绿、鹦哥绿砚石,下河继续掘采水底赤紫石,克服重重困难,终于恢复了洮砚生产制作。特别是上世纪 80 年代以来,生产发展迅速,所制之砚玲珑剔透,精美雅致,以繁多砚形和名目为人称颂,如云龙砚、龙凤砚、孔雀砚、松鹤砚、梅花砚、竹节砚、圆形砚、扇形砚、随形砚等,深受各界人士所喜爱。今天又有了大型砚的制作。2011 年甘肃洮砚开发公司精心打造一巨型洮砚,长 7 米,宽 3 米,高 1.2 米,重达 30 余吨。整体椭圆形,砚台中心为中国版图,砚上浮雕着 56 条姿态各异的龙。这方中华龙砚当年通过世界纪录协会认证为 2011 年世界纪录最大的洮砚。

贺兰砚,近人邵元冲辑的《西北览胜》中写道:"贺兰山附近,又产紫石,可为砚。市上有出售者,亦西北名贵产品也。"这一名砚问世只不过 300 余年,由于"生不逢时"、"未老先衰",解放前已处于窘境之中。解放后,在党和政府的大力支持和关怀下,一些艺人继承和发扬贺兰石刻的传统技艺,借鉴玉雕等技法,使贺兰砚推陈出新,佳品倍增,有"砚国新花"之美称,是深受国内外书画界赞誉的西北名砚之一。

失传了近两百年的松花石砚,1979 年终于在原清皇室封闭的禁区——吉林省长白山脚下找到了产地。艺人们根据该石色彩丰富的特点,因材立意创造出大小各异、图案多变、形神兼备的松花石砚。经专家试用鉴定,与故宫博物院所收藏松花石砚无异。2000 年,中国文房四宝协会推选该砚为当代国宝精品十大名砚之一。

天坛砚发展到今天,在色泽上除橙、紫色外,又有所增多,如红墩、柳芽黄、麦叶绿、青斑、天蓝等。制作更是多姿多彩,造型古朴典雅,具有鲜明的民族特点,有双龙砚、凤砚、龟砚、蝉砚、钟砚、琴砚、竹节砚、葫芦砚、马蹄砚、汉砖砚,其雕刻图案玲珑精美,多以喜庆吉祥、历史典故、风景人物为题材,目前已达 200 余种。

天坛砚不仅在国内市场上受欢迎,且饮誉海外。1972 年,济源县工艺美术厂担负了出口任务,制砚一万多方,行销日本、朝鲜、东南亚、港澳等一些国家与地区的市场。1973 年,在济源工艺美术厂的基础上扩建成了中国天坛砚厂,使这一艺术珍品更加规模巨大地发展起来。1994 年获中国名砚博览会金奖。

向有"南端北易"之称的易水古砚,经过易县工艺美术厂艺人们的精心制作,其工艺精细,雕刻古朴,造型奇特,图案多具有民族色彩。如二龙戏珠、天女散花、嫦娥奔月、松鹤望月、八仙下棋、哪吒闹海、水漫金山、金龟献寿、犀牛望月等,均为书画家、收藏家所珍爱。1978 年被评为全国三大高档名砚之一,与端、歙砚齐名。该厂经营数十年后,于 1999 年成立河北易水砚公司,该公司实施名牌战略,开创中国巨砚工艺化制作之先河,使易水砚成为融文化、砾石、政治之内涵及各种雕刻技艺于一体的精品之作。

砚作为我们中华民族的宝贵遗产,不但被继承下来,而且在解放后大放异彩,使我国制砚业走上繁荣之路。

后 记

　　古人云：工欲善其事，必先利其器。书法艺术的起源、发展和完美，与文房器具的产生、丰富和完善有着密不可分的关联。但人们对文房器具系统知识的了解与书法知识的普及却差之甚远。近年来，人们逐渐注意到新发现的古代文房器具的出土，却少有人对出土的文房器具进行系统整理和综合运用。有的著录中虽有载述，也是一鳞半爪，寥寥数语，读后令人茫然。鉴于此，今天，对于文房器具的整理和其知识的详细介绍尤为必要，势在必行。本人众里寻它，千挑万选，怀着一颗热爱文房器具的心，去了解它的成因；怀着一颗求知的心，去探求它的知识。这也是自己的追求和乐趣，如同《圣经》中说的那样：尘归尘，土归土，从此不必尘封，从此多一份追忆。让人们在追忆中感慨，在感慨中升华，在升华中释读古今。

　　尽管图片取舍忍痛割爱，内容安排有粗略之嫌，编排也不尽如人意，如有可能得到精神上的一点褒奖，足矣，此胜于一切。此书编写中，各方仁人给予了充分理解和鼎力支持：漓江出版社张谦同志极力推荐该书出版，中国文化报社的王丹同志义务拍摄图片，中国建筑科学研究院设计九所孙源同志利用休息时间打印、校对稿件，通州区文联副主席陈晨、文化委办公室晓宇同志无偿帮助整理书稿。这些慷慨的援手和诚挚的支持，为此书的尽快问世功不可没。大义不言谢，让我们共享这劳动成果的喜悦吧。

是为后记。

孙敦秀

2013 年 8 月 20 日于通州怖韬斋